KB088693

나에게

×

다정해
지기로
했습니다

잠들기 전, 내 마음을 돌보는 시간

나에게
×
다정해지기로 했습니다

디아 지음

카시오페아
Cassiopeia

만약 물이 언제나 있다면
우물이 무슨 소용이 있겠는가?

- 붓다

내 마음으로 되돌아가는 여정

스스로를 설명하기 위해서는
무의식의 저쪽까지를 탐험할 필요가 있다.

— 폴 모랑Paul Morand

이제 나에게 다정해질 때

생각해보면 참으로 나에게 다정하지 않은 시간을 보냈습니다. 내가 너무 못났다는 생각에 한껏 빠져 있거나 그런 내가 싫어서 어디론가 도망치고 있거나, 이 두 상태를 오락가락했습니다. 명상-요가를 '업'으로 하는 사람들과 이야기를 나누다 보면 그들도 다들 비슷한 경험이 있다지요. 자기 자신을 몹시 힘들어하면서 학교도 직장도 관두고, 부모님과는 싸우고, 가방 메고 떠났다가 돈 떨어지면 다시 돌아오고.

저 또한 한때 이런 사이클 속에서 한심한 날들을 보내기도 했어요. 그래도 그때 양심은 있어서 취미란에 '여행'이라 쓰려다가 주저했답니다. 그럼 특기란에는 '무엇이든 잘 관두기'라고 써야 하나…… 괴로워했죠.

그러다가 이런저런 인연으로 명상과 요가를 만나고 마음의 닻을 내렸습니다. 내가 나를 지켜가며 사는 방법이 있다는 사실을 발견했기 때문이에요. 아, 내가 나를 싫어하지 않고 나와 잘 지낼 수 있구나, 어딘가로 떠나지 않고도 잘 살 수 있구나.

이 사실을 모를 때는 여행을 좋아했다기보다 마음이 안 잡혀서 떠돌았던 것 같아요. 마치 밖에 나가면 마음을 잡을 수 있다는 듯이 말입니다. 가방을 메고 낯선 곳에 도착하면 살아 있는 것 같긴 했어요.

그러나 어김없이 집으로 돌아갈 때가 가까워오면 저는 또다시 가슴이 답답하고 불안해졌습니다. 여행은 궁극적인 해결책이 될 수 없음을 아는 데까지도 시간이 필요하더군요.

마음이 너무 심하게 요동칠 때는 마치 가슴속에 끝도 없는 밤바다가 일렁이는 것 같았어요. 이것은 문학적인 표현이 아닙니다. 시커먼 밤바다를 배 위에서 마주해보신 적이 있나요? 보통 사람이라면 인간의 왜소함에 몸서리치면서 공포심과 막막함을 느끼기 마련이에요. 그렇게 통제할 수 없는 느낌에 사로잡히면 어디론가 도망치고 싶어집니다.

그처럼 가슴에 망망대해가 일렁였던 시간이 있었지만 요가를 하면서 그 일렁임을 가라앉히기 위해 굳이 여행을 떠나지 않아도 되는구나, 를 몸으로 알았습니다. 그러다가 명상에 좀 더 매진하면서는 여행 욕구가 거의 사라졌어요. 마음이 좀처럼 잡히지 않아서 떠나는 도피로서의 여행 말입니다.

이제는 나의 '밖'이 아니라 '안'을 여행합니다. 눈을 감고 내면으로 떠나죠. 그렇게도 까칠하게 대했던 나 자신에게 말을 건네봅니다. 무슨 말이 가슴에 남아 있는지도 들어봅니다. 그저 나를 보는 일이 나를 돌보는 일이라는 사실을 왜 몰랐을까 생각해봅니다.

하긴 더 젊었을 때는 안으로 들어가고 싶어도 마음이 바깥을 빙빙 돌았어요. 끊임없이 밖으로 향하는 크고 작은 욕망들을 도저히 내려놓을 수가 없었거든요. 아니면 현실과 유리된 어디 먼 곳만 보려 했습니다.

이제는 그런 욕망들이 다소 식은 덕분에, 또 오늘을 살아가는 게 중요한 줄 알기 때문에, 무엇보다 마음을 아주 조금은 길들이게 된 덕분에 눈을 감으면 안으로 떠날 수 있어요.

밖으로의 여행 말고 안으로의 여행

안으로의 여행에서 '안'은 인생에 꼭 한 번 떠나야 할 여행지가 아니에요. 말하자면 여행을 끝내고 돌아오는 집이죠. 집으로 돌아가는 여행입니다.

집으로 가는 여행에서는 특별한 준비물이 없어요. 지도 앱 깔기, 숙소나 차편 예약 같은 것으로 번거로울 일이 없답니다. 그냥 마음이 돌아다니기를 멈추고 돌아오면 되거든요.

아마 이 책을 읽고 있는 여러분도 밖으로 떠나는 길고 짧은 여행에는 익숙한데, 안으로 떠나는 여행은 처음이거나 짧게 몇 번 간 적이 있더라도 좀 지루했을 겁니다.

'진정한 나와 만난다', '내 안으로 여행을 떠난다', 이런 말들은 너무 흔해져서 이제 식상할 정도입니다. 하지만 실제로 그 여행길에 나선 사람은 드물고, 그곳을 자주 여행하는 사람은 더욱 드물어요. 내 마음이 여전히 미지의 영역, 오지로 남아 있는 이유이겠지요.

그런데 마음을 부리며, 혹은 마음에 놀아나며 살아가는데 그 마음을 평생 탐험해보지 않는다, 사실 굉장히 충격적인 일입니다. 이 책에서는 바로 그렇게 말로만 익숙하게 들었던 내 안으로의 여행, 내 마음을 알아가는 여행, 집으로 돌아가는 여행을 해볼 겁니다. 다행히 '마음챙김'이라는 용어가 익숙하게 쓰이고 있어서 그 개념을 들어봤거나 조금이라도 경험해봤다면 안으로 떠날 수 있는 여권은 가지고 있는 셈이에요. 이제 마음챙김 하며 같이 떠나면 됩니다.

안으로의 여행길에서 우리가 만날 수 있는 것

다만 내 안으로 떠나기만 한다고 곧바로 행복해지리라 기대하면 곤란합니다. 모든 여행이 그렇듯 '너무 좋다', '너무 맛있다', '너무 즐거워'는 잠깐일 뿐이죠. 여행은 관광과는 다르게 수고스럽고, 예측이 빗나가기 일쑤이며, 시간을 허비하게 되고, 나는 왜 여기에 있나 하는 회의감도 줄기차게 이어지니까요.

99퍼센트의 수고로움과 1퍼센트의 기쁨, 이것이 여행자 마음의 실제 구성 비율이 아닐까 합니다. 원래 여행Travel이라는 낱말은 라틴어 '트레팔리움Trepalium'에서 갈라져 나왔다고 하죠. 트레팔리움은 당시 고문 도구인 '세 개의 몽둥이Three poles'를 일컫습니다. 같은 뿌리에서 나온 말이 '고생, 노동Travail'인 걸 보아도 여행은 꽤나 수고스럽고 힘든 일임을 암시합니다.

더욱이 우리 여행지인 내 마음은 오지 중에서도 오지입니다. 가본 적이 없으니 어둡고, 누구의 손길도 발길도 닿지 않아서 잡풀이 무성할 거예요. 그만큼 훌륭한 비경도 어딘가에 숨어 있지만, 울퉁불퉁한 길을 하염없이 걸어야 할지도 모르죠.

나 자신에 대한 지독한 집착, 마주하기 싫은 민낯, 과거의 불쾌한 기억 묶음, 무엇에도 감사하지 않는 마음, 욕심, 시기와 질투, 옹졸함 등등이 그 길에 있습니다. 그것들을 치우느라 시간을 꽤 보낼 수 있어요. 그렇지만 문득문득 본래의 때 묻지 않은 빛나는 마음을 발견한다면 그간의 피로는 싹 가실 겁니다.

'아, 진짜 자유는 이 깨끗한 마음자리였구나.'

이런 깨달음은 매우 보편적입니다.

당신과 동행할 마음 여행 가이드입니다

저는 이번 오지 여행의 가이드입니다. 내 안이라는 오지로 처음 여행을 떠나거나 이런 여행에 아직 익숙하지 않다면 다정한 가이드가 필요하겠지요.

가이드는 기본적으로 말이 많아요. 여기저기 먼저 가보고 고생한 게 있으니 "거기로 가지 마세요", "그건 내려놓으세요", "이건 꼭 해야 해요" 하며 잔소리와 수다가 뒤섞일 거예요. 그렇지만 선을 넘지 않겠습니다. 아름다운 풍경을 발견했다면 잠시 떨어져 조용히 있을게요.

이 책을 읽다가 그때그때 떠오르는 여러분의 이야기가 있다면 거기에 귀를 기울이세요. '그때 내 마음은 어떠했지?' '그 일에 나는 마음을 어떻게 썼지?' 이런 기억의 파편들이 떠오르면 잠시 따라가도 좋습니다. 마음은 가볍게, 삶은 깊어지게 하는 숙고라면 다 괜찮아요.

나를 돌보는 다정한 시간

이전 책『1일 1명상 1평온』은 명상 초보자를 위해 썼지만, 나름대로 명상을 좀 해온 사람들에게서도 도움이 되었다는 메일을 꽤 받았습니다. 이 책 역시 명상 초보자를 염두에 두었지만, 명상을 나름대로 하는 분들에게도 유용했으면 좋겠습니다.

마음의 성장은 그 원리를 한 번 이해하면 바로 정답을 맞히는 일직선의 길이 아니더군요.『마음의 진보』를 쓴 종교학자 카렌 암스트롱Karen Armstrong의 표현처럼 '나선의 계단'을 오르듯 엇비슷한 풍경을 계속 마주하면서 천천히, 올라가지 않는 듯 올라갑니다.

암스트롱은 "나는 똑같은 자리에서 똑같은 실수를 반복하면서 어디로 나아가는지도 모른 채 헛되이 맴돌고 있었다. 그렇지만 나도 모르는 사이에 서서히 어둠 속에서 벗어나고 있었다"라고 신화 속 계단의 상징을 빌려서 말했죠.

정말 맞는 이야기인 것이 저도 여전히 같은 실수를 하고 또 합니다. 잘 가고 있나 도무지 모르겠다, 이런 기분일 때도 많습니다. 그럴 때 여행자는 기본으로 돌아가서 질문을 던질 수밖에 없어요. 여행하는 태도, 여행길에서 자꾸 채는 돌부리, 지나온 기억들의 평화로운 재구성 같은 '기본'은 초보 여행자, 베테랑 여행자 할 것 없이 다 중요한 이야기지요.

모쪼록 마음의 방랑을 멈추고 '나'라는 집으로 돌아가고 싶은 분들에게, 또 살면서 나 자신과 마주할 시간이 별로 없었던 분들에게, 유독 자신에게만 늘 차가웠던 분들에게 나를 돌아보고, 나를 돌보는 다정한 시간이 되길 바랍니다.

마음 여행자들을 위한 마음챙김

'마음챙김'이라는 말을 들어보셨나요? 마음챙김을 비롯하여 마음새김, 알아차림, 정념正念, 마인드풀니스Mindfulness, 어웨어니스Awareness, 자각 같은 용어들이 다양하게 쓰입니다.

요즘에는 마음챙김이 몰입의 기술이나 새로운 명상 기법으로 많이 알려져 있지만 원래는 불교전통수행의 중요한 요소 중 하나예요. 이 책에서는 기존에 많이 알려진 마음챙김 이야기에서 조금 더 들어가보려고 합니다. 내 마음을 어지럽히는 요인을 살펴보는 도구로써, 더 좋은 마음을 일으키는 도구로써 마음챙김을 활용할 거예요.

먼저 저의 마음공부 이야기로 짧게 0장을 시작합니다. 이어서 꼭 알았으면 하는 마음의 원리를 1장에서 짚어보고, 2장으로 넘어가서 기억의 정화와 마음챙김의 관계를 들여다봅니다. 그런 다음에 3장부터 6장까지 총 네 장에 걸쳐 일상에서 마음을 들여다보는 법을 네 가지 키워드로 살펴봅니다.

첫째 키워드는 '지금 여기'입니다. 생각이 많아서 마음이 어수선할 때 일상을 잠시 멈추고 이 순간에 마음챙김 하는 연습입니다. 둘째 키워드는 '욕망'입니다. 스트레스의 근본 뿌리 중 대표 주자인 '탐냄'을 살펴보고 그것을 다루는 방법을 알아봅니다. 셋째 키워드는 '화'입니다. '탐냄'과 짝꿍처럼 연결되는 '성냄'이 스트레스로 작용하는 방식을 살펴보고 그것을 다루는 방법을 알아봅니다. 넷째 키워드는 '에고'입니다. 괴로움의 밑바닥에 숨은 나에 대한 집착을 성찰해보고 내가 나를 괴롭히지 않도록 연습합니다. 다만 여기에서는 철학적인 내용이 조금 포함되는데, 어려우면 결론만 기억해도 괜찮아요.

그리고 각 키워드마다 간단한 명상 팁들을 덧붙였습니다. 잠들기 전이나 하루 중 짬을 내어 내 마음에 귀 기울이는 시간을 가져보세요.

이 책 곳곳에는 제가 번뇌하고 수행한 이야기들이 들어 있습니다. 13세기의 위대한 페르시아 시인 루미 잘랄 아드딘 아르 Rūmī Jalāl ad-Dīn ar의 시구처럼 이 이야기들이 여러분의 지금 마음과 깨어난 마음 사이에 '물' 같은 역할을 했으면 합니다.

이야기는 그대가 목욕하려고
데워놓은 물과 같다.
그것은 그대의 몸과 불 사이에
전해줄 메시지를 지니고 있다.
그대의 몸과 불을 만나게 하고
그리고 그대를 깨끗하게 한다.
– 루미 잘랄 아드딘 아르의 「이야기」 중에서

자, 이제 마음챙김 하며 내 안으로 떠나볼까요?

2022년 2월
디아

차례

들어가며 내 마음으로 되돌아가는 여정

이제 나에게 다정해질 때 • 6
밖으로의 여행 말고 안으로의 여행 • 9
안으로의 여행길에서 우리가 만날 수 있는 것 • 10
당신과 동행할 마음 여행 가이드입니다 • 11
나를 돌보는 다정한 시간 • 12
마음 여행자들을 위한 마음챙김 • 13

0장 나를 알아가는 울퉁불퉁한 길

나 자신과의 불화 • 25
힐링보다 마음의 자립 • 29
몸으로 존재하며 단순해진다는 것 • 33
마음공부의 시작 • 36
지혜를 기르기에 딱 좋은 십 년 • 39

1장　마음의 원리를 그때 알았더라면

내 귀에 기관차 · 45

마음의 주인이 되려면 알아야 할 원리 · 49

일단 내 마음부터 제대로 들여다보기 · 53

마음이 만든 세계에 살고 계십니다 · 56

너무 요란하고 시끄러운 세계 · 59

감각적인 쾌락으로 내 마음을 회피하면 · 63

나에게 다정해도 괜찮아 · 67

2장　기억을 정화하면 알 수 있는 것

삶은 기억 덩어리 · 75

마음챙김은 기억을 바르게 하는 일 · 79

비틀린 기억을 펴면 · 83

바른 기억이 상처를 치유한다 · 88

나도 모르게 심는 고통의 씨앗 · 92

3장　마음이 편안하려면

→ '지금, 여기'에 대한 마음챙김

가만히 멈추어 마음을 보면 • 101

내가 뭘 가지러 여기에 왔더라? • 105

마음의 무늬를 바꾸는 눈표범의 시간 • 109

생각은 마음이 아닙니다 • 112

외로운 텔레비전 • 116

머리가 빨갛게 부풀어 터질 것 같을 때 • 121

숨, 마음이 쉴 수 있는 세상 끝의 집 • 125

나도 모르게 눈물이 툭 떨어지면 • 130

잠들기 전 내 마음에 귀 기울이는 시간

○ 몸의 감각에 귀 기울이기 • 124

○ 숨 관찰하기 • 128

○ 기분 센스등 달기 • 133

4장 욕망을 잘 다루려면
🕊 '탐냄'에 대한 마음챙김

우리가 잘 몰랐던 마음챙김의 이면 · 137

마음은 원래 깨끗한 거울 · 140

마음의 독소에 대한 고찰 · 143

마음의 움직임은 깃털 같아서 · 146

불판에 들러붙는 고기 · 150

탐냄은 굶주린 짐승처럼 헐떡이게 한다 · 155

남을 통제하려는 탐냄 · 160

돈에 따라붙는 탐냄 · 163

돈 앞에서 마음이 덜 다치려면 · 168

욕심인지 아닌지 구분하는 방법 · 173

탐할수록 화가 많아진다 · 178

그것은 기도가 아닙니다 · 182

관계에서 손해 보는 기분에 대하여 · 187

행복을 행복으로 바로 알 때 행복해진다 · 193

잠들기 전 내 마음에 귀 기울이는 시간

○ 사소한 불만족은 탁탁 놓아버리기 · 186

○ 손해라고 곱씹는 괴로움 중독에서 벗어나기 · 191

○ 좋고 싫은 이분법 관점에서 물러나기 · 198

5장 화를 잘 다스리려면

➤ '성냄'에 대한 마음챙김

탐냄과 성냄의 춤에 휩쓸리지 않도록 · 203

성냄의 중독적인 맛 · 208

화는 왜 가까운 사람들에게 많이 낼까? · 213

나 자신이 호구 같아서 화날 때 · 218

남들이 나를 이해해주지 않아서 화날 때 · 224

서로에게 짠한 마음이라도 가져요 · 229

내 표정이 어떻다고? · 235

세상에서 가장 우아한 화해 · 240

잠들기 전 내 마음에 귀 기울이는 시간

○ 너도 나도 억울하지 않기 · 233

○ 상처를 줬다면 스스로 참회하기 · 239

○ 고마운 기억 꺼내기 · 245

6장 내가 나를 괴롭히지 않으려면
> '무아'의 진리에 대한 마음챙김

내가 아닌 것 같아요 • 249

해는 동쪽에서 뜨잖아? • 254

'행복' 때문에 불행해진다니 • 259

과연 생각은 내가 하는 것일까? • 264

에고의 끈질긴 유혹 • 268

내가 특별하지 않다고요? • 272

자신에 대한 무지를 진하게 드러내는 말 • 276

나나랜드에서는 어떤 일이 벌어질까? • 283

나를 가장 잘 보여주는 거울 • 287

잠들기 전 내 마음에 귀 기울이는 시간

○ 내 안에 감춘 의도까지 들여다보기 • 281

○ 내가 흐려지는 경험을 해보기 • 286

○ 나만 아는 작은 웃음 머금기 • 290

나가며 세상에서 가장 조용한 기적 • 291

✕

나를 알아가는
울퉁불퉁한 길

당신이 보는 세상이 곧 당신 자신이다.

– 레스터 레븐슨Lester Levenson

나 자신과의
_____ 불화

자기 이십 대를 아름답게 기억하는 사람이 세상에 몇이나 될까요?

지금 길에서 스쳐 지나는 이십 대들을 보면 와, 역시 젊음이 좋다, 참 멋지다, 말하지만 제가 그 나이였을 때는 젊음은 당연한 것이어서 딱히 고맙지도 않았고 나 자신이 참 못나게 생각됐습니다. 그 시절이 한창 좋은 때인 줄은 전혀 몰랐어요.

십 대부터 이십 대 초반까지의 저를 돌아보면 한 캐릭터가 떠오릅니다. 안경을 끼고 '왜 사는가? 나는 누구인가?' 이런 질문을 하면서 먼 데를 바라보며 걷다가 '어, 넘어진다!'라고 생각하는 순간 고꾸라지곤 했습니다. 젊은 패기나 푸릇푸릇한 청

춘과는 거리가 멀어서 심리, 철학, 영성 분야의 책을 파고들며 꽤 '시리어스serious'했어요.

온 세상의 고민을 혼자 짊어진 듯했죠. 거의 히키코모리와 비슷한 생활을 반년 정도 한 적도 있고, 학교를 자퇴하기도 하고, 이거 배우다 말고 저거 배우다 말고, 여행 가방을 쌌다가 풀었다가 하면서 현실에 좀처럼 적응하지 못하는 청년이었습니다.

그러다가 방황은 방황이고, 어떻게든 사회생활을 해야 했어요. 스물네 살에 편집부 막내로 출판사에 입사했습니다. 북에디터가 근사한 직함은 아니지만 책순이에게는 알맞은 일이었죠. 나름대로 좋아하는 일을 한다는 자부심 하나는 손에 쥐고 있었지만, 고 자그마한 것으로 험난한 이십 대를 버텨내기는 힘들었어요.

더 나은 조건의 일이나 사람들을 보면 주눅이 들었어요. 회사에서 제 자리를 잘 잡지도 못한 데다가, 앞으로 빠르게 치고 나가는 동료들을 지켜보는 동안 알게 모르게 쪼그라들기 일쑤였으니까요. 게다가 자의식으로 꽉 찬 사람은 인간관계도 얼마나 어려운지. 참고 참다가 재채기하듯 여행으로 튀어 나가는 바람에 돈은 또 얼마나 손에 잡히지 않는지.

돌아보면 나와 집, 혹은 나와 사회의 불화가 아니라 나와 나 자신의 불화였어요. 나 자신이 너무 불편하고 불만족스러워서 어쩌지 못하는 총체적 난국의 시기라고 할까요? 자기를 끔찍하게 미워하면서 오로지 자기 자신에 대해서만 계속 고민하는 때가 있죠. 자신에 대한 애착과 증오가 정점에 달하는 시기가 이십 대가 아닐까 해요.

아마 이십 대가 막 지나서 이 글을 썼다면 나만의 고민이 특별한 듯 절절하게 풀어놓았겠지만, 멀리 지나오고 나니까 그 시기에는 각자 처한 형편이 달라도 모두 비슷한 마음의 수렁에 빠졌다가 나오는구나, 하고 알아봅니다.

기억의 객관화가 이루어진 덕분에 크게 감상에 빠지지도 않고, 한때 알았던 사람에 대해 이야기하듯 기억을 떠올릴 수 있어요.

그때 겉으로 드러난 제 삶을 잠깐 돌아보면 이러했습니다.

여행으로 도피했다가 돌아와서 회사에 묶여 있으면(대안이 달리 없어서 내가 선택해놓고 꼭 묶여 있다고 억울해했죠!) 내적인 우울과 불안이 스멀스멀 올라옵니다. 속으로는 죽고 싶다는 생각을 하면서도 "대리님!" 하고 누가 부르면 "네!" 하면서 반사적으로 웃어 보이는 생활이 이어졌습니다.

이십 대 내내 틈만 나면 산사나 명상 센터 등의 온갖 '힐링 프로그램'에 참여했어요. 그때 국내에서 운영했던 갖가지 힐링 프로그램 중에 안 해본 것이 있을까 싶을 정도랍니다. 이십 대에는 사회생활을 해도 늘 돈에 쪼들리는데 비싼 몇 주 과정의 프로그램에도 꽤 참여했어요. 그만큼 무너지지 않으려고 애썼나 봅니다.

그런데 여행을 가도, 힐링 프로그램에 참여해도, 명상을 해도, 영성 관련 책을 읽어도 그 약발이 그리 오래가지 않았어요. 그때는 원래 그런가 보다 했는데, 이제는 그 이유를 명확히 압니다. 자기 마음을 보고 사는 차분한 노력으로 연결되지 않았기 때문이에요.

힐링보다
_____ 마음의 자립

그때 이런저런 명상을 비롯한 여러 힐링 프로그램에 참여하면서 뭔가를 발견한 것 같았고 제 감정이 해소되는 듯 느꼈습니다. 그러나 거기까지였어요.

비유하자면 몸의 어느 뼈마디가 틀어져서 그토록 아픈 것이라는 진단을 받았다고 해봅시다. 교정 치료를 하고, 마사지를 받고, 올바른 운동법을 배우지만, 이미 많이 틀어진 몸은 바른 몸에 대한 자가 인지 기능이 약해요. 그래서 틀어진 몸을 더 바르게 느끼기 마련입니다. 자신도 모르는 사이에 몸을 틀어지게 하는 생활 습관을 지속하죠.

만약 안내받은 운동을 계속하면서 근육을 강화하지 않는다면 교정 치료와 마사지를 통해 일시적으로 바르게 되었던 몸은 얼마 못 가서 다시 틀어지고 말 거예요.

마음도 마찬가지입니다. 아니 마음은 몸과는 비교할 수 없을 정도로 훨씬 민감하고 복잡합니다. 몸은 형체와 작용이 있지만, 마음은 형체 없이 작용만 있죠. 그러니까 너무 빨리, 너무 미세하게 움직여서 알아보기도 어렵습니다.

스스로 바른 마음 자세를 알고서 익숙해지는 데는 몸을 교정하는 것보다 몇 배로 정성을 들여야 하고 시간도 오래 걸려요. 마음을 바르게 교정하고 강화하는 것을 한마디로 정리하면 마음공부인데, 이 마음공부를 겸하지 않으면 지혜가 생겨나지 않고, 여러 힐링 프로그램이 잠깐의 휴식에 그칠 수 있어요. 이런 이유로 힐링 프로그램에 참여한 경험이나 관련 독서를 하고 강연을 들은 것이 실제 삶과는 잘 연결되지 않는 겁니다. 그저 스펙을 쌓듯 쌓아 올려놓았을 뿐이죠.

심리학자 이즈미야 간지泉谷閑示는 이런 지점을 지적했어요. 이즈미야는 힐링 너머의 '자립'을 이야기합니다.

최근 몇 년 '힐링'이나 '치유'라는 말이 사용되더니 완전히 정착한 듯 보인다. 그런데 웬일인지 나는 생리적으로 도무지 이 말에 친숙해지지 않았다. (…) 진정 구원받는다는 것은 그 사람 안에 잠재한 힘, 자고 있는 지혜가 깨어나 움직일 때 비로소 이루어지는 것이다. (…) 사람이 깨우치고 변화하기 위한 필요조건은 바로 자립이다.

－이즈미야 간지의 『뿔을 가지고 살 권리』 중에서

저도 이 '위로'라는 말이 늘 싱겁다고 생각해왔습니다. 인간의 마음을 탐구한 인류 최고의 권위자 붓다의 핵심 가르침도 '수행하라'이지 따듯한 위로, 단순한 힐링이 아니거든요. 잠깐의 감정적인 편안함을 주는 위로는 술을 마시거나 수다를 떠는 것과 크게 다르지 않아요. 너무 힘들 때는 그래야 또 살지만, 감정적인 위로를 넘어서서 자립하려면 지혜를 길러야 합니다. 지혜를 얻는 일을 마음공부 혹은 수행이라고 하죠.

마음공부나 수행은 결국에는 나를 긍정하는 일입니다. 다만 긍정을 주입하는 게 아니라, 마음의 원리를 알고 내 마음의 습관을 관찰하면서 깨닫습니다. 날카로운 마음을 버려나가다 보면 '긍정하는 것밖에 남지 않는구나' 하는 점을 깊이 이해하게 되죠.

하여튼 젊은 시절의 저는 당장 위로받기를 원했기 때문에,

빨리 긍정적이고 당당한 태도를 가지기를 원했기 때문에, 어쩌면 삶에 대한 진짜 지혜가 아니라 지혜를 글로 잘 정리한 지식을 더 얻기를 원했기 때문에 휴식처만 찾았을 뿐 마음의 자립에는 거듭 실패했습니다.

그리고 부끄러운 이야기지만, 어차피 현실에서 잘 적응하지 못할 바에야 뭔가 한 경지를 깨달아 독특하고 대단한 존재가 되고 싶었습니다. 그런 욕구가 마음공부를 할 때 얼마나 잘못되고 우스꽝스러운 접근인지는 이 책의 내용을 좀 더 보면 아실 수 있을 거예요. 이제 마음의 그 같은 거품이 좀 빠져나가서 담백하게 이야기할 수 있어 정말로 다행입니다.

몸으로 존재하며
_____ 단순해진다는 것

삼십 대에 접어들어서는 현실 부적응의 징후가 꽤 남아 있긴 했지만, 남들처럼 일하는 모드에 익숙해졌습니다. 여전히 일과 인간관계에는 서툴러서 스트레스가 많았고, 그때마다 또 무슨 프로그램이나 워크숍에 참여했죠. 마치 실컷 먹은 후 정신을 차리고 다이어트하기를 반복하는 것처럼 말이에요.

마음을 내 방식대로 쓰고 살다가 그 때문에 탈이 나는 줄 모른 채 그냥 겉에 약 좀 바르고, 또다시 내 방식대로 마음을 쓰고 살면서 탈이 나서 약을 발라야 하는 쳇바퀴 속에 있었습니다.

그 와중에 요가를 만난 건 퍽 다행이었어요.

요가는 몸을 대상으로 한 명상이죠. 저는 몸의 다스림이 명상 주제인 하타 요가 계열(요가학파 중에서 대중적으로 가장 널리 알려진 요가 수련의 통칭)의 수련을 이어갔습니다. 그런데 몸을 세밀하게 쓰면서 몸이 좋아지는 건 물론이고 정신도 건강해지는 걸 느꼈어요. 기대하지 않았던 효과죠.

나를 힘들게 하는 생각이 좀 줄어들었습니다. 컴퓨터 앞에 오래 앉아 있던 사람이 수련을 하고 수업도 진행하니까, 즉 몸으로 존재하는 시간이 하루 안에서 큰 지분을 차지하니까 단순한 사람이 되어갔어요.

단순해지는 건 정말 좋은 일이었습니다. 비록 두 가지 일을 하면서 정신이 없기는 했지만, 또 요가를 온전한 직업으로 삼기에는 딱할 만큼 불안정했지만 제 내면에 좋은 자양분을 공급해줬습니다.

그렇게 라이프스타일이 바뀌니까 비로소 마음을 제대로 들여다볼 충분한 시공간이 마련됐어요. 아마도 그 단순한 시간을 넉넉히 갖지 못했다면 여전히 마음이 아픈 뒤에 약을 바르는 식의 명상, 아니 이름은 명상이지만 잠깐씩의 힐링에 목마른 체험만 쫓아다녔을지 모르겠습니다.

어쨌거나 요가를 계기로 더는 단순한 힐링이 아닌 차분한 마음공부로 제 방향을 틀 수 있었습니다. 마음의 원리를 배우는 쪽으로, 내 마음 습관을 살펴보고 개선하는 쪽으로. 초점을 그리 맞추니 관점부터 바로잡을 게 많더군요.

불교학자 앨런 월리스Alan Wallace는 "관점들은 휘어진 척추처럼 교정이 필요하다"라고 했습니다.

마음의 척추가 틀어지면 마음이 아픕니다. 건강한 마음은 괴로움이 없고 또랑또랑 깨어 있습니다. 별로 괴롭지는 않은데 그저 멍하다면 이 또한 마음의 척추 한 부분이 틀어진 거예요. 다시 말하지만 건강한 마음은 편안하고 또렷하게 깨어 있습니다.

마음의 척추는 몸의 척추와 마찬가지로 생활 습관과 유전 요소로 비뚤어지기 쉬워요. 스스로 틀어진 부분을 알고서 바로잡으며 살려면 단기간의 모닝 리추얼이나 워크숍 몇 번의 참여로는 부족할 거예요. 그것을 계기로 자신이 얼마나 노력하는가에 달려 있겠지요!

마음공부의
_____ 시작

요가 수련을 하면서 거친 번뇌는 꽤 사라졌습니다. 그런데 그럴수록 미세한 번뇌들, 그동안 눌러놓은 번뇌들이 잘 보이기 시작했습니다. 그걸 조각난 지식들로는 풀어낼 수가 없었어요.

무엇보다 몸에서 자유로워지기 위해 요가를 하는데 몸에 자꾸만 집착하는 나의 모습을 보면서 헷갈리기도 했습니다. 그리고 내면에서 많은 작용이 일어나고 있는데 그것들을 컴컴하게 그대로 놔두는 느낌도 들었어요.

이 길이 참 무서운 게, 자신이 뭘 모르는지도 모르는 상태에 빠지기 쉽다는 거예요. 그저 몸과 마음이 좀 고요하면 그 고요함에 집착하게 되는데, 정작 집착할 때는 그것에 집착하는지를 잘 몰라요.

어떤 수행이든 고요함과 지혜가 함께 가야 한다고 알고 있습니다. 마음챙김은 고요함과 지혜 둘 다에 반드시 요구됩니다. 고요함과 지혜는 상호 보완적이지만 서로 반대 성질도 지니고 있습니다. 고요함에 집착하면 마음이 어떻게 움직이는지, 이런 마음은 왜 일어났고 어떻게 다루면 좋은지, 즉 마음의 원리에 대한 지혜가 부족할 수 있어요. 반대로 그런 마음의 원리에만 집착하면 마음을 쉬면서 고요해지기가 어렵습니다.

비슷한 길을 가고 있는 사람들은 거의 느끼겠지만, 마음에 대해서 알고 싶다면 마음에 관한 인류 최고의 권위자 붓다의 가르침과 계속 접속할 수밖에 없습니다. 서양 정신분석학의 역사가 1900년대 지크문트 프로이트Sigmund Freud를 기점으로 백 년이 조금 넘었는데, 불교는 2,600년 전에 인간의 마음을 완벽하게 탐구해놓았거든요. 꼭 불교라는 종교 형태가 아니더라도 가장 완전하게 마음을 탐구해놓은 그 체계로 귀의해서 공부하게 되죠.

기독교가 주류인 미국 사회에서 불교 신자는 1퍼센트밖에 되지 않습니다(미국 여론조사기관 퓨리서치센터 2019년 자료). 그런데도《뉴욕 타임스》에 따르면 베스트셀러 톱 10에 언제나 불교 서적이 들어간다고 합니다.

불교의 가르침에서 기대하는 것은 마음의 건강이겠지요. 더 풀어서 이야기하면 마음의 원리를 알고 자기 고통을 진지하게 바라보려는 거예요.

그런데 붓다의 가르침 자체가 워낙 심오하므로 마음공부의 범위와 목표를 자신에게 맞도록 잘 정하는 게 중요합니다. 제 경험으로는 나쁜 기억을 반듯하게 하고, 일상에서 마음을 어떻게 쓰고 사는지 살펴본 후 무슨 마음에 걸려서 자주 넘어지는지, 그래서 무엇부터 실천하면 좋은지 알아보는 과정으로 진행하니까 수월했습니다.

지혜를 기르기에
_____ 딱 좋은 십 년

사십 대를 '지혜의 십 년'이라고 부른다는 사실을 아시나요?

아주 힘이 되는 말입니다. 사십 대에는 아직 체력이 있어서 정진할 수 있어요. 다행히 머리도 문제없이 돌아갑니다. 여러 실패를 경험했기 때문에 마음도 좀 넓어지고요. 지혜를 기르기에 딱 좋은 시기입니다.

이 책을 읽으시는 분 중에 마흔 살이 아직 안 되었다면 굉장한 행운입니다. 지혜의 십 년을 당겨서 보낼지 모르니까요.

마흔 살이 훌쩍 넘었어도 그 또한 잘된 일입니다. '아, 더 늦지 않게 시작해야겠다'라고 절박감이 들 테니까요. 뭐든 절박하지 않으면 하다가 말다가 하잖아요. 슬로 스타터는 마음가짐부터 다르니까 대체로 성장이 빨라요.

어찌 되었건 내면의 지혜를 기를 만한 최적의 시기가 있다, 내 마음을 잘 공부해보자, 이런 마음가짐이면 좋습니다.

물론 최적의 시기라고 해서 그 시기에 지혜로운 선택들을 해 간다는 것은 전혀 아닙니다. 오히려 정반대일 거예요. 사회와 가정에서 의무가 늘어나면서 현실적으로 부딪칠 일은 더 많죠. 여기에 몸도 하나둘 탈이 납니다. 안팎으로 번뇌가 들끓는 시공간에 진입하게 돼요. 그런데 바로 이런 지점이 지혜를 기르는 데 최적의 시기를 만드는 요소로 작용합니다.

원래 지혜가 생기려면 번뇌가 매우 많아야 해요. 웰컴, 번뇌! 이렇게 웃으며 맞이해야 할지도 몰라요. 번뇌가 심하지 않으면 자기 자신을 직면하려는 작은 노력도 하지 않거든요. 평범한 인간이라면 그렇다는 말입니다.

저는 『유마경維摩經』에 나오는 "번뇌즉보리煩惱卽菩提"라는 말을 좋아합니다.

"번뇌를 끊고 열반을 얻는 것이 아니라 번뇌가 일어난 그 자리에서 열반을 구하는 것"이라고 풀이하는데, 번뇌를 통해서 깨달음을 얻을 수 있다고 저는 단순하게 이해합니다. 마음의 얼음이 녹으면 시원한 물이 되어 마실 수 있겠지요.

아무튼 번뇌가 깊어야 탐구를 합니다. 예를 들면 '내 성격에 그런 면이 좀 있지' 하며 그냥 살다가 내가 싫어하는 나의 성격을 고스란히 물려받은 아이를 보면, 그제야 내 안의 뿌리 깊은 번뇌를 알아봅니다.

수많은 육아서는 부모들의 번뇌 탐구서라고 할 수 있어요. 마찬가지로 수많은 자기계발서는 젊은이들의 열등감 탐구서요, 수많은 건강서는 나쁜 생활 습관 탐구서가 아니던가요.

명상도 마음이 너무 고통스러울 때 잘됩니다. 약간 살 만해지면 좀 지루하거든요.

'내가 이걸 왜 하나?' '꼭 이렇게까지 해야 하나?' '잠깐 쉬어도 좋지 않을까?' '안 하는 사람도 잘만 살던데.' 이런 마음이 금세 올라옵니다. 번뇌는 나를 직면하게 해주는 최고의 집중력을 선사해요.

저도 사십 대가 되면서 '지혜의 십 년'이라는 말을 듣고 응원을 받는 기분이 들었습니다. 많이 모자라고 더 많이 배워야 한다는 걸 알아요. 그래도 마음공부를 하며 든 생각을 나누면 제 다짐도 되고, 이 공부를 시작하는 이들에게 도움도 줄 수 있겠다 싶어서 이렇게 쓰고 있답니다.

1장

마음의 원리를 그 때 알았더라면

어떤 구도의 길을 출발하며 맨 먼저 할 일은
마음의 소리를 들을 수 있도록 자신을 충분히 침묵시키는 일이다.

– 잭 캔필드 Jack Canfield

내 귀에
_____ 기관차

예전에 급성 중이염을 심하게 앓았습니다. 이통耳痛이 너무 심해서 작은 병원 두어 군데를 다니다가 대학병원으로 옮겨서 커다란 통 속에 들어갔다 나오며 사진을 찍었습니다. 다행히 뇌가 손상되지는 않았다고 했어요.

그런데 이명이 생겼습니다. 이명은 사람마다 소리의 종류가 다른데, 저는 증기기관차가 달리는 소리가 났습니다. 삼 일 밤낮은 그 폭주하는 기관차 위에서 한잠도 못 자고 너무 괴로웠어요.

"선생님, 이명 때문에 너무 괴로워요. 벌써 사흘째 기관차 소리가 나요."

의사 선생님은 제 말이 끝나자마자 검지를 뒤로 들어 올리며 이렇게 말씀하셨습니다.

"에어컨 소리, 지금 들려요?"

"네? 아, 네, 들려요."

"제가 에어컨 소리라고 말하기 전에 에어컨이 돌아가는 소리가 들렸어요?"

"아, 아뇨."

"그거랑 똑같아요. 이명에 집착하니까 더 들리는 거예요."

의사 선생님이 제 이명에 내린 처방은 약도 물리치료도 아니었어요. 단지 싫은 소리를 자꾸 들으려 하지 말라는 조언뿐이었습니다. 귓속의 염증은 약으로 점점 치료됐고, 아무 약도 받지 못한 이명은 기관차 소리에 귀 기울이지 않으니까 차츰 줄어들다가 삼 일 후부터는 아예 사라졌습니다.

청각 신경에 이상이 생겨 일시적으로 나타난 기관차 소리를 내 마음이 계속 확인하며 붙잡고 놓아주지 않았던 셈이지요. 모든 이명이 이렇게 치료되는 건 아니지만, 많은 통증이 신경증으로 번지는 과정은 이와 같습니다.

스스로 고통을 증폭한다. 이에 대해 어떻게 생각하세요?

우리는 대부분 특별히 자학 증세가 있는 건 아니지만, 자신도 모르게 자기 괴로움을 증폭하고 있습니다. 그 괴로움을 계속 확인하고 싶어하느라 도리어 괴로움의 크기를 키웁니다. 신경이 예민해지면서 자꾸 저항하느라 실제 아픔보다 더 아프게 느끼며 살아요.

명상가 신젠 영Shinzen Young은 이를 하나의 공식으로 개발해서 재미나게 설명합니다.

$$S = P \times R$$
이때 S는 고통Suffer, P는 통증Pain, R은 저항Resistance

통증에 대처하는 저항이 심할수록 큰 고통을 겪는다! 통증이 어차피 예견되어 있다면, 저항을 줄이면 고통이 줄어든다!

이 사실을 몰랐던 저는 병을 키웠습니다. 사회생활을 하다가 만난 어떤 사람을 속으로 몹시 싫어했습니다. 그 사람이 저를 괴롭혔기 때문인데, 가만 보니 괴롭힘을 당하지 않는 순간에도 그 괴로운 생각을 계속 붙들고 있다는 걸 알았습니다(물론 그 사람이 괴롭힌다는 인식도 제 안에서 제가 확대한 것이었어요!).

그런데도 그것을 멈출 수 없었고, 너무 싫어하는 저항력 때문에 괴로움이 점점 커졌습니다.

그때 이런 생각을 했어요.

'저렇게 못된 사람은 나쁜 일 하나 안 생기고 자기반성도 절대로 안 하네.'

반면에 겉으로 보면 매우 착한 저한테는 나쁜 일이 생기고 말았습니다. 온몸에 탈이 나더군요. 참 억울했습니다.

'벌을 받아야 할 사람은 저기에 있는데 내가 벌을 받는구나!'

자, 누가 벌을 주었나요?

내가 나한테 벌을 준 겁니다.

나는 그를 벌주고 싶었는데 왜 그것에 실패하고 내가 내 화에 데고 말았을까요? 제 귀에 기관차까지 폭주하고 나서야 제 어리석음을 알아봤어요. 다만 그때는 '내가 너무 소심해서 그를 공격하지 못하니 나한테 공격했구나' 정도로 단편적인 이해를 하고 넘어갔습니다.

사실 근본적인 이유는 마음의 원리를 몰라도 너무 몰라서였어요. 만약 드라마처럼 지금의 제가 십수 년 전의 저와 조우할 수 있다면 저는 아주 단순한 마음의 원리부터 가르쳐줄 거예요.

마음의 주인이 되려면
_____ 알아야 할 원리

어떤 사람을 좋아할 때 내 마음이 밝아집니다. 그러다가 그 사람이 나를 좋아하지 않는다고 하면 갑자기 싫어집니다. 그러면 내 마음은 어두워져요. 그 사람이 행복하길 바랄 때 내 마음이 환해집니다. 그 사람이 밉다 밉다 할 때 내 마음은 컴컴해집니다.

그 사람은 그대로인데 내 마음만 혼자 환했다가 어두웠다가 합니다.

내 마음의 불은 누가 껐다가 켜나요?

그 사람인가요, 나 자신인가요?

또 꽃을 보고 좋아하면 내 마음이 좋습니다. 꽃을 보고 싫어하면 내 마음이 싫습니다. 꽃을 보고 내가 좋아하면 꽃한테 좋은가요? 꽃을 보고 내가 싫어하면 꽃한테 나쁜가요? 꽃은 내가 좋아하든 싫어하든 별 영향을 받지 않아요. 그저 꽃을 보고 좋아하면 내 마음이 환해지고, 꽃을 보고 싫어하면 내 마음이 어두워집니다.

꽃이 내 마음을 환하게 만들었다가 어둡게 만들었다가 하는 게 아니라 내 마음이 꽃을 보고 환했다가 어두웠다가 합니다. 이 차이를 이해하시겠어요?

그 사람이 내 마음을 어둡게 한 것이 아니고 내 마음에 원망, 미움, 섭섭함이 올라와서 어두워진 것입니다. 만약 미운 사람을 그래도 좋게 생각하면 내 어두웠던 마음이 환해집니다. 미운 사람을 좋게 생각하면 그가 아니라 내 마음이 좋을 뿐이에요. 그러니 그를 좋게 생각하는 일에 기분 나빠할 필요가 없죠. 그를 위해서가 아니라 나를 위해서 좋은 마음을 연습하는 거니까요.

자기 마음을 부러 어둡게 쓰는 일은 세계 공통으로 일어나는 바보짓입니다. 우리는 상대를 탓하며 자기 마음을 괴롭게 쓰는 걸 합리화해요. 그 사람이 나에게 싫은 감정을 심었다고 생각하면서 그 사람을 탓하고 그 사람에게 내 마음의 주인 자리를 내줍니다. 내 마음은 그의 반응에 따라 휘둘리며 움직이는 하인이 되고 말죠.

우리는 기꺼이 마음을 어둡게 씁니다.

'그 사람을 절대 좋게 생각하기는 싫어. 내 마음이 더럽혀지더라도 계속 화내는 편이 나아.'

'지금의 나를 절대 좋게 생각하기는 싫어. 불만족을 느끼며 지내는 게 나아. 보잘것없는 나를 받아들이는 것보다는.'

'나는 웬만해서는 만족하지 않을 테야. 쉽게 만족을 느끼면 내가 아닌 것 같으니까.'

이렇게 살아도 사실 틀리거나 절대적으로 나쁜 건 아닙니다. 어떻게 살지는 내 자유니까요. 울면서 살아도 되고, 화내면서 살아도 되고, 웃으면서 살아도 돼요.

그렇지만 마음을 어둡게 쓰면서 사는 건 좀 어리석다고 생각해요.

내가 바라보는 현상(혹은 인물)보다 그 현상(혹은 인물)을 대하는 내 마음이 중요해요. 그 사람을 좋게 생각한다고 해서 그 사람이 좋은 사람이 되는 것도, 지금의 나를 좋게 받아들인다고 해서 내 처지가 좋아지는 것도, 현재 상황을 그저 수긍한다고 해서 그 상황이 나아지는 것도 아니에요. 그렇지만 내 마음에 이로운 것을 선택하면 내 마음이 좋습니다. 거꾸로 내 마음에 이롭지 않은 것을 선택하면 무엇이 좋을까요?

'내 마음을 위해 좋은 마음을 먹는다'는 '내 마음을 괴롭히는 짓은 그만두겠다'라는 뜻과도 같습니다. 이런 태도가 어두운 마음을 밝아지게 하고, 하인처럼 휘둘렸던 마음이 주인이 되는 길입니다. 당나라 선승禪僧인 의현義玄의 "수처작주 입처개진 隨處作主 立處皆眞"이 바로 그런 뜻입니다.

가는 곳마다 주인主人이 되어라.
머무는 모든 곳이 진리眞理이다.

– 의현의 『임제록』 중에서

일단 내 마음부터
_____ 제대로 들여다보기

어느 모임에서 저는 한 사람이 계속 눈에 걸렸습니다. 더 솔직하게 말하면 '딱 꼴 보기 싫다'였어요. 사람들에게 점수를 따려는 의식적 착한 행동, 가식적 립 서비스, 진짜인지 헷갈리는 열정적 모습 등이 제 눈에는 '저건 너무 가짜 같은데?'로 보여서 '잘 보이려고 혈안이 되어 있군' 하면서 속으로 그를 깎아내리기에 여념이 없었습니다.

저는 그 모임에만 다녀오면 머리가 아팠어요. 이유는 오직 그 사람과 관련된 것이었습니다. 거기 있는 누군가와 그에 대해 실컷 험담했다면 조금 후련했을까요? 미처 그럴 기회가 없었던 저로서는 모임에 있는 시간 동안, 또 헤어지고 나서도 그 기억을 곱씹으며 기분이 별로였어요.

이렇게 만나고 나면 '생각이 많아지게 하는' 사람이 있으신가요? 이 또한 마음의 원리를 몰라서, 내 마음을 잘못 써서 그런 줄 몰랐습니다.

스트레스 상황을 만나면 우리는 스트레스를 일으키는 대상(인물이나 현상)에 집중하느라 정신이 없어요. 그 대상을 계속 바라보면서 무엇이 잘못됐는지 판단하는 데 마음의 주의력을 온통 빼앗깁니다. 그러나 스트레스를 일으키는 대상보다는 언제나 내 마음을 더 중요하게 바라봐야 합니다. 그 대상에 끌려가는 마음을 멈추고 자신에게 질문합니다.

나는 왜 그 사람(혹은 현상)이 잘못됐다고 생각하지?

나의 무엇을 건드리기 때문에 화가 나지?

저는 마음을 가라앉히고 또 가라앉혔습니다. 그러고는 같은 질문을 저 자신에게 던졌고, 답은 몇 번 실패하다가 찾았어요.

그 사람을 제가 싫어한 까닭은 놀랍게도 '나도 여기서 중요한 사람이 되고 싶어. 그런데 그가 가장 중요한 사람인 척 구니까 짜증 나'였습니다. 좀 당황스러웠어요. 저는 평소에 무척 점잖고, 주목받는 걸 싫어한다고 생각하곤 했거든요.

이렇게 제 속마음을 제대로 들여다보기까지 몇 번이나 실패했습니다. 그 이유를 톺아보니 자존감을 지키려고 자기기만을 했다는 것을 알았습니다. 이것을 알고 내려놓자 제가 마주하기 싫었던 제 욕구가 드러난 거죠.

제 욕구를 확인하고는 그것이 제 스트레스의 잠재적인 주범임을 알아봤습니다. '그 사람'이 아니라 '중요한 사람이 되고 싶은 내 욕구'가 스트레스의 뿌리였습니다. 이런 욕구가 있는 한 저는 비슷한 성향을 가진 사람을 보면 늘 이와 동일한 괴로움에 시달릴 게 분명했어요.

일단은 모임에서 중요한 사람이 되고자 하는 내 욕구를 알아차릴 때마다 내려놓으려 했습니다. 그랬더니 그 사람에 대한 스트레스, 그 사람을 만나고 온 날이면 많아지는 생각에서 천천히 벗어날 수 있었어요.

그러고 나니 더 이상 그 사람을 나쁘게만 생각하지 않게 되었고, 나중에는 '그래도 좋게' 생각하기에 이르렀습니다. 무엇보다 그 사람을 못마땅해하며 머리까지 아파하는 옹졸한 내가 싫었는데, 그것이 나아지니 나 자신에 대해서도 좋게 느끼게 되었어요.

이때 중요한 사람이 되고 싶다는 자신의 욕구를 알아차리는 일, 이것을 마음에 관한 마음챙김이라고 부릅니다.

마음이 만든 세계에
_____ 살고 계십니다

'어, 가로수가 다가왔다가 멀어지네.'

달리는 버스 안에서 창밖을 보고 있었습니다. 가로수들이 다가왔다가 사라지고, 다가왔다가 사라지고…… 버스를 타면 늘 나는 그대로이고 나무가 나를 지나가는 것처럼 느꼈던 어릴 적 기억이 떠올랐고, 지금도 그렇게 느껴지는 게 재미있었습니다.

산사에서 한 달간 집중 수행을 하고 나와서 집으로 돌아가는 길이었어요. 치열하게 참선한 효과가 발휘됐던 걸까요? 무언가 내적인 변화가 일어났음을 알아차렸습니다(물론 그 깨달음은 버스에서 내리기도 전에 바로 사라졌지만요!).

우리는 대개 세상을 객관적으로 보고 있다고 착각합니다. 그런데 마음이 자극을 찾아서 이리저리 기웃거리며 다니기를 그만두고 아주 고요해지면, 내 마음 안에서 모든 인식 작용이 일어난다는 사실을 알 수 있습니다.

나는 여기에서 눈을 감고 있는데 버스가 지나가는 소리가 들린다고 해봅시다.

'지금 밖에서 버스가 지나가네. 몇 번 버스일까? 예전에 홍대로 가는 273번 버스를 탔을 때 이런 일이 있었지…….'

평소에는 그런 방식의 생각이 일어나는 반면, 마음이 고요해지면 이런 방식의 인식이 일어납니다.

'부웅~ 하는 소리가 들려오네. 달리는 버스 이미지가 머릿속에 떠오르는군. 몇 번 버스일까, 궁금해하는 속말이 들리네. 273번 버스 번호와 버스 안 풍경이 이미지로 이어지네.'

둘 사이의 차이를 이해하시겠어요?

전자는 밖에서 어떤 일이 일어나고 있다고 파악한다면, 후자는 밖에서 어떤 일이 일어나고 있다는 걸 내가 파악하고 있네, 하고 아는 상태입니다.

오, 시작부터 너무 헷갈리는 이야기인가요?

많이 들어봤을 '일체유심조一切唯心造'를 이야기하기 위함이었습니다. 일체유심조는 흔히 이렇게 풀이합니다. "모든 것은 마음먹기에 달려 있다." 그런데 이는 본래 의미에서 조금 과하게 나아간 해석 같아요.

일체유심조의 본래 의미는 "모든 일은 내 마음 안에서 일어난다"입니다. 어떤 일이든 내 마음에서 인식될 때에야 비로소 존재하게 된다는 뜻입니다. 인식하는 만큼 존재하게 된다는 뜻도 되고요. 그러니까 나는 객관의 세계가 아니라 내 마음이 바라보는 주관의 세계에 살고 있어요.

좀 알쏭달쏭한 이야기죠?

예를 들어 나는 저 사람을 보고 이런저런 생각을 합니다. 그런데 그때 저 사람을 보면서 이런저런 생각을 하는 내 마음은 잘 보지 않아요. 저 사람을 보고 있는 내 마음? 저 사람에 대해 이런저런 생각을 하는 그 마음을 말하는 거야?

네, 그래요. 이렇게 관점을 전환해보면 왜 내가 객관의 세계가 아니라 내 마음이 보는 세계에 살고 있는지가 명확해집니다. 그 같은 관점의 전환은 아찔할 정도예요. 여행을 떠나기도 전에 풍랑을 만난 기분이 들지 모릅니다.

너무 요란하고
_____ 시끄러운 세계

　내가 평소에 속으로 하는 말부터 하나하나 들어보세요. 속말은 내 마음의 민낯입니다. 아무에게도 안 들키고 나만 들을 수 있으니까요. 제 속말을 처음으로 관찰했을 때를 잊을 수 없어요. 그 말들은 믿을 수 없을 만큼 요란하고 시끄러웠습니다.

　누구한테 마음에 걸리는 말을 들으면 그 말을 곱씹고 또 곱씹는 술주정뱅이가 튀어나왔습니다.

　'걔가 그 말을 나한테 하면 안 되지.'

　'어떻게 그 말을 할 수가 있지?'

　'그 말뜻이 뭐야? 자기가 뭔데?'

　같은 말을 이렇게 꼬고 저렇게 꼬면서 계속 반복했습니다.

너는 잘못했다, 나를 잘못 건드렸다, 네가 나보다 나은 게 뭐야…… 마치 술 취한 사람이 눈을 감고 주정하듯이 같은 말을 되뇌고 또 되뇌었습니다. 어떤 말은 백 번……, 아니 십수 년간 만 번쯤 반복했을지 모르는 어떤 말도 기억났습니다. 오, 맙소사!

또 일이나 관계가 내 기대와 다르게 돌아가면 우울증 환자가 튀어나왔습니다.

'이게 다 무슨 의미가 있어?'

'왜 나만 힘들지?'

'남들은 다 잘만 사는데……'

그러면서 내 마음을 최대한 무겁고 어둡게 만들었습니다. 그 무겁고 어두운 기분을 즐기는 애착도 함께 일어났어요.

일상적으로 내 마음에 흔하게 등장하는 인물은 사감 선생님이었습니다.

눈에 들어오는 사람마다 '쟤는 왜 저래?', '저 웃음은 뭐야?', '저 말을 왜 하지?', '이건 좀 아니잖아!'라고 지적하면서 무시했습니다. 보는 것마다, 듣는 것마다 팔짱을 끼고 간섭했습니다. 마치 평가하고 점수를 매기기 위해 태어난 사람처럼, 그런 대단한 권한을 부여받은 것처럼 일일이 내 마음에 드는지 안

드는지를 가려내기 바빴습니다.

사감 선생님 역할이 심해지니까 권력자로 변신해 나타나더군요.

친구의 의견이 나와 다르면 자꾸만 못마땅했습니다.

'그렇게 생각하면 안 되는 것 아닌가?'

'너는 그렇게 생각해서 정말 큰일이다.'

내 마음은 내 것, 친구의 마음은 친구의 것입니다. 그런데 네의견도 내 의견과 같아야 한다, 그렇지 않으면 네가 이상하다, 네 생각을 바꾸어 너는 이렇게 생각해야 한다고 속으로 계속 명령을 내립니다. 당연히 그게 내 뜻대로 반영될 리가 없으니 가슴이 마냥 답답했습니다.

큰 비중으로 등장하는 사람으로 장사꾼도 빼놓을 수 없어요.

"또 연락하자!"라는 동료의 말에 '나는 세 번 연락할 때 너는 한 번도 연락하지 않았다'라고 쩨쩨하게 셈부터 했습니다. 연락하는 그게 뭐 그리 대수라고요. 아주 많은 관계에서 아주 사소한 이익을 놓고 계산하며 손해를 걱정했습니다.

이렇게 내 안에는 내 마음에 안 드는(!) 캐릭터가 너무 많았어요. 제가 만들어내는 내면세계는 그다지 평화롭지 못했습니다. 관찰하는 동안 많은 곳에 가서 많은 일을 하면서 많은 사람을 만났지만 실제로 계속 만난 것은 나였으며, 그들의 이야기가 아닌 모두 내 이야기였습니다.

살아가면서 동네가 바뀌고, 직장이 바뀌고, 친구와 동료가 바뀌고, 가족이 바뀌고, 나를 둘러싼 사건들도 계속 바뀌어가겠지요. 그렇더라도 그런 사고 습관, 마음 작용이 그대로라면 내 세계는 얼마나 달라질까? 이런 의문이 자연스럽게 떠올랐습니다.

감각적인 쾌락으로
_____ 내 마음을 회피하면

자, 그렇다면 이제부터는 내 안을 들여다봐야지!

이렇게 마음먹어도 우리 마음은 그리 쉽게 안으로 기울지 않아요. 워낙 바깥을 보는 습관이 굳어서 웬만해서는 바깥을 보고 있는 내 마음을 보지 않아요. 특별한 스트레스가 발생하기 전까지는 말이에요.

스트레스는 불교 용어인 '번뇌'와 가장 가까운 말이 되었습니다. 번뇌라는 낡은 언어를 스트레스라는 새 옷으로 갈아입힌 느낌이 들어요. 괴로운 느낌, 혹은 왠지 만족스럽지 않은 느낌, 이 상태를 번뇌라고 합니다.

서양에서 붓다의 가르침을 받아들일 때 특유의 개인주의와 실용주의 경향으로 번뇌를 스트레스로 좁혀서 해석했습니다. 특히 다른 종교를 허용하지 않는 기독교인들이 붓다가 발견한 마음에 관한 고찰을 손쉽게 받아들이려면 그 방편이 주효했을 겁니다.

개인의 스트레스를 어떻게 해결할 것인가에 초점을 맞추면 종교를 떠나서 생각할 수 있으니까요. 사실 불교가 종교화되기 전에는 마음을 탐구하고 행복해지는 실천 행위(물론 궁극적인 목표는 해탈입니다) 자체였으니 틀린 접근도 아닙니다.

다만 스트레스라는 말로 번뇌를 표현하기에는 많이 부족해요. 번뇌를 잘게 쪼갠 것이 스트레스다, 인생에서 수없이 받는 스트레스의 총합과 그것의 개인적·사회적·문화적·존재론적 뿌리까지 아우르는 것이 번뇌다, 이렇게 이해하는 편이 본질에 더 가까울 겁니다(좀 더 전문적으로 이야기하면 번뇌는 셋으로 나눕니다. 감각적인 욕망에 대한 번뇌, 존재하고자 하는 열망에 대한 번뇌, 무지로 생기는 번뇌가 그것입니다).

어쨌거나 우리가 당장 건너야 하는 강은 일상의 스트레스죠. 이 스트레스를 잘 해결할 수 있다면 인간 본연의 번뇌를 들여다보는 힘도 얻을 수 있을 거예요.

평소에 스트레스를 받으면 어떻게 하시나요?

마음이 불편할 때 우리는 주로 감각적인 쾌락을 찾습니다. 아, 너무 우울해. 우울할 때는 떡볶이. 아, 너무 심심해. 심심할 때는 마블 영화. 아, 왜 살지, 너무 싫어. 심각할 때는 잠이나 자자.

자기 계발 욕구가 강한 사람들은 책을 읽고 강연을 듣습니다. 그런 활동들도 감각적인 쾌락 추구에 속한다고 말한다면 좀 충격인가요? 지적인 활동으로 좋은 일이 아닌가 하는 반문이 들지도 모르겠습니다. 그 자체가 나쁘다기보다는 이런저런 재미난 생각을 계속 즐기려는 욕구일 수 있다는 이야기입니다.

저도 책이나 영화에 파묻혀 지내기를 좋아했습니다. 내가 좋아하는 것이니까, 나는 원래 덕후 기질이 있으니까…… 이렇게 단순히 여겼는데, 마음공부를 하면서 좀 더 명확히 알았습니다. 책이나 영화에 빠져드는 일 또한 내 마음을 회피하려는 활동이었음을요.

마음이 좋지 않으면 어디가 어떻게 안 좋은지를 직접 봐야 하는데 마음을 편하게 해줄 대체물부터 찾는 습관에 대해 지금 이야기하는 겁니다. 나쁜 기분을 끌어안고 있기보다는 즐거운 활동을 하는 편이 훨씬 낫죠. 하지만 스트레스의 내적인 요인은 계속 덮어두게 됩니다.

최근까지 많은 심리학자가 연구로 밝혀왔습니다. 불안, 우울, 두려움, 걱정, 불편, 분노 등을 피하면 잠깐은 도움이 되지만 장기화되면 심리 장애로 이어질 확률이 높다고 말입니다. 단순한 스트레스 해소 활동만 이어가면 마음의 병이 생길 수 있다니.

그렇다면 감각적인 쾌락으로 회피하지 않고 어떻게 내 마음과 부드럽게 직면할 수 있을까요?

나에게 다정해도
_____ 괜찮아

"글쎄요, 나한테 잘해줘야겠다는 생각은 거의 안 해봤던 것 같아요."

명상 수업을 하다 보면 정작 자기 돌봄이 필요한 중년들은 이 '돌본다'는 말 자체를 낯설어해요. 좀 '오글거린다'고 느끼죠. 그들에게 돌보는 대상은 언제나 가족이었고, 그중에서도 약자였기 때문이에요.

반면에 요즘 젊은 세대는 실천을 떠나서 '나를 돌보자'는 생각에 익숙합니다. 몸과 마음을 돌보면서 자신을 회복하는 일이 중요한 줄 알고 있어요.

혹시 '나'와 '돌봄'을 잘 연결 짓지 못하시나요?

'나를 돌보다니, 에이, 이렇게 멀쩡한 나를?'

나이를 떠나서 이런 성향이 있다면 나에게 다정해도 괜찮아요, 라고 말하고 싶어요. 같은 의미로 내 마음이 힘들지는 않은지 잘 알아봐주고, 마음이 건강해지는 습관을 들여보세요, 라고도 말하고 싶습니다.

마음공부나 수행이나 명상 같은 낱말은 어감이 좀 딱딱합니다. 그런데 마음공부가 바로 내 마음이 어떤지 알아봐주고, 마음이 건강해지는 습관을 들이는 일이에요.

이제부터는 마음공부를 어떻게 하면 좋을지 이야기해드릴게요. 막상 좋은 개념을 많이 알아도 사소한 일상 문제조차 못 풀 수 있고, 마음공부의 방향이 한쪽으로 치우쳐(주로 고요함을 유지하는 쪽으로) 있기도 쉬워요. 이 두 경우는 지극히 일반적입니다.

저 또한 이런 시행착오를 겪으면서 일상의 고민도 해결하고, 한쪽으로 과하게 치우치지 않는 수행을 하고 싶었습니다. 그래서 제 경험을 바탕으로 마음공부를 시작할 때 무엇부터 하면 좋은지, 어떤 단계로 나아가면 좋은지 정리해봤어요.

이는 붓다의 사념처 수행 중 일부를 응용한 것으로, 마음공부에서 핵심이 될 만한 내용을 제 나름대로 추렸습니다. 사적인 메모에서 출발했기 때문에 어쩌면 마음공부를 지식으로 습득하려는 것이 아닌 진짜로 하려는 사람들에게 더 많은 도움이 될지 모르겠습니다. 원래 공부는 교과서와 참고서가 기본이지만, 친구의 정리 노트가 쉽게 개념을 잡고 핵심을 파악하는 데 더 유용한 법이니까요.

더욱이 사적인 메모가 대개 그러하듯 일상적인 고민에 바로 적용할 수 있는 것을 우선했기 때문에 실용성도 높을 거예요.

준비 단계 | 기억을 정화하려면

처음에는 기억과 정신 건강 사이에 어떤 관련이 있는지, 마음챙김이 왜 기억과 연결되는지 한번 살펴보고, 내 오래된 기억 중에 앙금으로 남은 것을 숙고합니다. 이것은 마음공부에 본격적으로 들어가기 전에 거쳐야 할 작업입니다.

1단계 | 마음이 편안하려면

'물 밖에 건져놓은 물고기처럼 파닥이는' 마음을 고요하게 만들어봅니다. 이는 몸과 느낌에 대한 마음챙김입니다. 지금 몸이 무엇을 하는지, 몸에서 어떤 느낌이 일어나는지, 호흡은 어떠한지 등을 살피노라면 마음이 자연스럽게 가라앉습니다.

그렇지만 스트레스의 근본 요인을 알아보려면 다음 단계가 필요합니다.

2단계 | 욕망을 잘 다루려면

마음을 어지럽히는 대표적 정신 작용인 '탐냄'에 대해 마음챙김 해봅니다. 탐냄이 내 마음 안에서 어떻게 작동하는지를 관찰합니다. 탐냄이 어떤 해로움을 가져오는지 바로 알고, 탐냄을 내려놓았을 때 어떤 유익함이 있는지 숙고하는 단계입니다.

3단계 | 화를 잘 다스리려면

마음을 괴롭히는 대표적 정신 작용인 '성냄'에 대해 마음챙김 해봅니다. 탐냄과 성냄이 얼마나 긴밀하게 연결되어 있는지 살펴보고, 화의 습성을 알아봅니다. 성냄이 내 마음 안에서 어떻게 작동하는지를 잘 관찰합니다.

4단계 | 내가 나를 괴롭히지 않으려면

붓다가 발견한 진리를 '무상無常, 고苦, 무아無我'로 함축해서 설명합니다. '무상, 고, 무아'는 일상의 자잘한 스트레스부터 존재론적 번뇌까지 끊어내는 번뇌 소멸 공식입니다. 다만 그 통찰의 너비가 아득하여 일상에서 이해할 수준으로 맞춰봤습니다.

내가 나를 괴롭힐 때가 많으신가요? '나'에 대한 집착이 심하면 내가 나를 괴롭힙니다. 에고에 대해 알아보고, '나'를 놓아주는 무아 연습을 합니다.

이제 준비 단계인 '기억의 정화'부터 살펴볼까요?

2장

×

기억을 정화하면 알 수 있는 것

과거를 기억하지 못하는 이들은
과거를 반복하기 마련이다.
– 조지 산타야나George Santayana

삶은

_____ 기억 덩어리

아버지가 술에만 취하면 레퍼토리로 하는 이야기가 있습니다. 직접 본 건 아닌데 하도 듣다 보니 영화의 한 장면처럼 눈앞에 그려집니다. 아버지가 귀금속 도매업을 오래 했는데, 제가 초등학교 4학년 때 그게 엎어져서 빚 때문에 방황을 많이 했어요. 그러다가 원양어선을 타기로 결심했죠.

아버지가 배를 타고 대서양에 간다고 해서 집이 한동안 술렁술렁했습니다. 아버지로서는 모든 걸 실패한 후 머리를 깎고 절로 들어가는 심정으로, 한 번도 해보지 않은 뱃일을 선택한 것이었어요. 전혀 이성적인 판단이 아니었던 거죠.

지금 돌이켜보니 그때 아버지 나이가 고작 마흔두 살이었어요. 가까운 사람들의 우려대로 아버지는 큰돈을 벌기는커녕 육 개월 동안 죽을 고생을 한 건 물론이고, 원양어선 업체까지 부도나는 바람에 다른 한국인 선원들과 함께 스페인의 어느 작은 어촌에 갇히고 말았어요. 비행기표를 구할 돈도 없고 연락마저 끊어져서 우리 식구에게는 아주 심각한 사건이었습니다.

우여곡절 끝에 아버지는 집으로 돌아올 수 있었지만, 그 뒤로 선원들과 그 업체 대표 사이에 몇 년간 소송도 진행했어요. 하여튼 그때 아버지는 50킬로그램도 채 안 되는, 거의 뼈만 남은 상태로 귀국했습니다. 한국으로 돌아오기 직전에는 무려 열흘 동안 물만 먹고 버텼다지요.

그런데 아버지의 취중 레퍼토리는 굶으며 고생한 이야기가 아니에요. 망망대해에서 문어를 잡는 일이 당신과 너무 맞지 않아서 죽고 싶다는 생각으로 어느 한밤에 갑판에 올랐다고 합니다.

그때 갑자기 귓등으로 "아빠!" 하고 부르는 제 목소리가 들리면서 제 얼굴이 눈앞에 보였다는 거예요. 이게 꿈인가 생시인가 할 정도로 더없이 생생해서 정신이 번쩍 들었다고 합니다. 그때 기필코 살아서 돌아가야겠다는 다짐을 했다고요. 삼류 드라마에나 나올 법한 장면이지만 '실화'이지요.

실화란 그렇습니다. 오히려 너무 드라마 같아서 유치하고 현실감이 없어요. 제가 의도하지는 않았지만, 아버지가 죽고 싶은 순간에 저는 환영(?)으로 나타났습니다. 그 덕분에 아버지는 인생에서 큰 위기였던 사십 대 어느 지점에서 삶의 끈을 다시 그러잡았고, 삼십 년이 지난 지금도 술을 한잔하면 제가 옆에 있는 날에는 꼭 그 이야기를 꺼냅니다.

그 이야기를 들으면 늘 찡해요. 그때의 아버지가 안쓰러워서라기보다는 우리 네 식구만 아는 이야기, 세상 누구도 모르는 이야기이기 때문입니다. 그 기억은 우리가 죽거나 잊어버리면 없어지는 작은 세계입니다.

삶 자체는 기억 덩어리입니다. 작은 기억, 큰 기억, 과거 기억, 최근 기억 등 기억을 연결하는 과정을 편의상 삶이라고 부를 뿐이죠. 가까운 사람이 죽으면 왜 슬퍼할까요? '우리만 아는 기억'에서 '나만 아는 기억'으로 바뀝니다. 기억의 일부가 뜯겨나가는 것으로, 즉 내 삶의 일부가 사라진다고 느끼는 거예요.

어떤 병보다 치매를 왜 두려워할까요?

기억이 사라지면 자기가 지나온 삶이 사라지기 때문입니다.

그걸 마음의 원리로 설명하면 이렇습니다.

마음에는 기억하는 기능이 있습니다. 마음의 가장 큰 역할이 기억하기입니다. 의식적으로 하는 기억도 있고, 의식하지 않았는데 저절로 되는 기억의 비중도 비교할 수 없이 큽니다.

기억이라는 마음의 기능 덕분에 우리는 삶을 연속적으로 인지합니다. 앞에 한 말을 기억해서 뒤에 한 말과 연결해 그 맥락을 이해하고요. 실로 오랜만에 만난 사람을 십 년 전에 본 기억과 연결해서 "잘 지냈어?"라고 물을 수 있습니다. 또 기억을 의미화해 저장하면서 "내 인생은 말이야"라고 자기 삶을 되돌아볼 수 있어요.

그래서 내 마음을 보는 일은 내 기억을 보는 일과 같습니다. 바로 조금 전의 기억부터 어린 시절의 기억까지가 내 삶이니까요. 그렇다면 자신에게 이런 질문을 한번 던져보세요.

삶이라는 커다란 기억 덩어리를 나는 어떻게 다루고 있지?

마음챙김은
_____ 기억을 바르게 하는 일

마음챙김이라는 말을 좀 들어보셨나요?

마음챙김에 관해 약간의 지식이 있다면 판단 없이 알아차리는 것, 마음이 지금 무엇을 하는지 아는 것, 이 순간에 일어나는 일에 주의를 기울이는 것, 이런 대답을 할 테지요. 훌륭한 대답입니다. 다만 조금 더 들어가서 살펴본다면 마음챙김의 원래 개념은 기억과 관련이 깊습니다.

마음챙김은 불교전통명상에서 주요 요소 중 하나로 언제나 강조되어왔습니다. 원래 마음챙김은 '정념正念(초기 불교 경전 언어인 팔리어로 '삼마사티sammā-sati')', 곧 '바르게 기억한다'라는 뜻입니다.

'잘 알아차려라, 마음을 챙겨라, 마음챙김 해라'가 어째서 '바르게 기억해라'라는 말일까요? 얼핏 잘 연결되지 않는데, 현대 뇌과학이 밝혀온 기억 과정을 놓고 이해하면 수월합니다.

기억은 인간이 정보를 받아들이고, 저장·유지하고, 꺼내는 인지 활동의 총합입니다. 그런데 어떤 정보를 왜곡해서 기억한다든가, 나쁜 기억을 계속 꺼내본다든가, 좋은 기억은 쉽게 잊어버린다면 정신 건강에 해롭겠지요.

반대로 정보를 바르게 받아들이고, 그렇게 받아들인 정보를 필요에 따라 잘 저장·유지해서 좋은 기억으로 상기한다면 정신 건강에 이롭고, 자기 삶 자체를 건강하게 인지할 수 있을 겁니다. 그러니까 마음챙김 하는 일은 기억을 바르게 하는 일, 삶을 건강하게 인지하는 일이라고 이해할 수 있습니다.

성현 씨(이 책의 사례 속 이름들은 모두 가명으로 바꿨습니다) 이야기로 기억과 정신 건강의 관계를 조금 더 이해해보겠습니다.

"하…… 결혼이 뜻대로 되지 않네요."

성현 씨는 결혼할 뻔한 경험이 있었다고 합니다. 그런데 결혼을 앞두고 현실적인 문제로 다툼이 시작되자 '잠수를 타고 말았다'고요.

결혼 말이 오갈 즈음이면 신혼집은 어떻게 마련할지부터 혼

수나 결혼식 등에 이르기까지 크고 작은 문제를 결정하고 조율하면서 커플끼리, 또 집안끼리 많이들 시끄럽습니다. 누구나 그런 힘든 시기를 거쳐 결혼하게 되는데, 성현 씨는 그때 '기분 나쁜 느낌'과 '강한 거부감'에 휩싸여서 헤어날 수 없었다고 했습니다.

아무래도 결혼에 대한 두려움이 있어서 무의식적으로 거부했나 봅니다. 성현 씨가 어릴 때 부모님이 사이가 좋지 않아서 심하게 다툴 때가 많았다고 합니다. 그때마다 방 안에서 혼자 떨며 숨죽이는 시간이 길었다지요. 물론 어른이 된 지금은 부모님을 이해하고, 부모님과의 관계도 크게 나쁘지 않습니다.

그런데 실제로 결혼한다고 생각하니까 갑자기 숨이 막히고, 자신도 불행한 결혼 생활을 할 것 같은 두려움을 떨쳐내기 어려웠어요. 무엇보다 결혼 준비 과정에서 소소한 다툼이 시작되자, 싸우는 엄마와 아빠 사이에서 우는 꼬마로 돌아간 기분이어서 몹시 당황스러웠습니다.

흔히 이를 몸에 남은 기억이라고 하죠. 어떤 기억이 연상되는 상황에 처하면 자신도 모르게 심장이 두근두근하고 위축됩니다. 이를 자기 의지력으로 제어하지 못한다는 걸 경험하고 나서야 그 옛날의 일이 나에게 생각보다 큰 상처로 남아 있음을 인지합니다.

이를 기억 프로세스로 설명하면 이렇습니다. 어떤 괴로운 경험을 할 때 우리 뇌는 '괴롭다, 괴롭다' 하는 느낌을 '저건 위험하니까 조심해야 해' 하는 의미로 언제든 꺼낼 수 있도록 과장해서 저장해둡니다. 이는 장기 기억long-term memory 중에서도 절차 기억procedural memory으로 저장됩니다. 절차 기억은 잠재의식 저 밑바닥에 각인되어 있어요. 그런데 이때 그 상황을 객관화해서 판단하는 서술 기억declarative memory은 억압됩니다.

한마디로 어린 시절에 생존의 위협을 느끼는 상황을 겪으면 당시의 '팩트fact'는 매우 흐릿하게 뭉개지고, 감정은 과장해서 더 뚜렷하게 새겨진다는 이야기입니다.

그래서 어린 시절에 받은 상처는 대개 인지적으로 억압되어 있어서 제대로 설명하지 못합니다. '괴로워', '너무 무서워', '억울해'라고 진폭이 큰 감정으로 기억하기 때문입니다.

성현 씨는 말합니다.

"지금이야 다 알죠. 부부로 살다 보면 심하게 싸울 때도 있겠죠. 머리로는 이해하거든요."

머리는 알지만 가슴은 모르는 이야기가 남아 있다는 뜻이겠네요. 가슴으로 이해하기, 그건 어떻게 할까요?

비틀린 기억을
_____펴면

여러분도 꼬마 성현이가 되었다고 한번 상상해보세요. 부모님이 큰소리로 싸우고 있습니다. 방 안에서 혼자 귀를 틀어막은 채 웅크려서 울고 있다고 해봅시다. 아주 어린 아이에게 부모는 땅과 같잖아요. 부모의 싸움은 땅이 흔들리는 경험으로 느낄 만하죠.

아이는 뭘 잘 모르니까 엄마, 아빠가 싸우는 이유가 나 때문인가, 나를 버리면 어떡하나 몹시 두려울 수 있습니다. 어린 나에게 가장 큰 위협은 부모가 나를 사랑하지 않는 것이니까요.

그런데 부모가 서로 싸울 때는 아이를 사랑하지 않을까요?

이번에는 아이의 방문 밖에서 싸우고 있는 젊은 엄마, 아빠가 한번 되어봅니다. 나로서는 부모님이 자주 싸웠던 모습과 나한테 했던 행동만 기억하고 있었지, 그때 부모님의 그 마음을 느껴본 적은 잘 없을 겁니다.

높은 언성과 악다구니 속에 숨겨진 부모님의 마음을 읽어봅니다.

미칠 듯이 서로 싸우는 중에 어린 나를 향한 진짜 속마음은 무엇이었을까요?

'내가 너무 미안해. 너무너무 사랑해. 우리 아이!'

어느 부모든 그런 상황에서 속마음은 똑같습니다. 나빠 보이는 부모조차 그래요.

서로 완전히 이성을 잃고 싸울 때도 아이에게는 미안해하고 아이를 사랑하는 마음을 부모는 잃지 않습니다. 단지 지금 자기 상황이 너무 싫고 자신의 감정과 행동을 전혀 통제하지 못할 뿐이죠. 다시 말하지만 아이를 염려하고 사랑하는 마음에는 한 치의 거짓도 없답니다.

그리고 지금의 내 나이보다 더 어렸을지 모를 그때의 엄마, 아빠가 무슨 철이 얼마나 있었겠어요? 나도 지금 겨우 이 정도인데.

그때 나에게 각인된 아픔만 가슴에 아로새기느라 나를 향한 부모님의 깊은 마음을 헤아려보지 않으면 내가 계속 아플 수 있어요. 깊은 마음은 언제나 베일에 가려 있으니 잘 들여다봐야 합니다.

우선은 마음으로 지금의 내가 어린 나를 안아줍니다. 그러고는 "엄마, 아빠는 서로 미워서 싸우는 순간에도 너만큼은 사랑하고 있다"라고 어린 나에게 충분히 이야기해줍니다. 어린 내가 모르면 지금의 나도 완전히 안다고 할 수 없어요. 어린 나도 알아야 지금의 나도 '진짜로' 알 수 있습니다.

어린 시절, 서로를 향한 엄마, 아빠의 고성에 파묻힌 마음을 충분히 느끼는 일, 그것을 알고 어린 나에게 제대로 전하는 일, 그저 지금의 나와 어린 내가 서로를 깊이 안아주는 일, 이런 행위는 마음으로 자주 해줄수록 좋습니다.

쉰 살이 넘은 아저씨들도 어린 시절에 힘들었던 자신을 떠올리며 안아주라고 하면 명상을 하다가 막 웁니다. 내 기억 안에 아직 아이의 감정이 그대로 남아 있는 줄 미처 몰라서 놀라고, 지금 마음으로 자기 어린 시절을 안아주는 이 단순한 연습의 치유 효과에 더 놀랍니다.

아마 이런 이야기를 글로만 읽으면 '진짜 그럴까?' 하고 좀 유치하게 생각될 거예요. 그런데 그거 아세요? 우리 속마음, 기억은 다 유치합니다. 그것은 오지이고, 날것이에요. 굳이 어디 상담소를 찾지 않더라도, 명상 수업을 따로 듣지 않더라도 이것만은 부디 해보세요.

아울러 한 가지 중요한 작업도 함께 꼭 당부합니다.

바로 '책임감 가지기'예요.

내 아픈 마음만 자꾸 되뇌며 거기에 반응하고 살아온 습관에는 책임을 져야 합니다. 아픈 기억을 자주 꺼내면 아픔의 크기가 실제보다 몇 배로 커집니다. 부모가 불우한 상황을 만들었다면, 불우한 상황을 더 불우하게 인식하고 강화해온 것은 내 마음 습관입니다. 물론 그 습관은 내 마음에 대한 무지에서 비롯됐을 테고요.

심리 상담을 잘못 받으면(대부분의 좋은 상담사는 그러지 않지만) '아, 내가 지금 이렇게 괴로운 이유는 부모와 상황 때문이었구나'라고 이해하고 위로받는 데 그칩니다. 이때 어느 정도 위안을 느끼고 마음이 가라앉으면 그동안 내 마음을 어떻게 써왔는지, 그렇다면 이제부터 어떻게 써야 좋은지 너무 모르고 살아온 나의 무지를 바라봐야 합니다. 위로만으로 끝나면 마음이 성장하지 못하거든요.

이런 과정을 천천히 거치면 비틀린 기억이 '바르게' 펴져요.

그러면 비틀렸다고 느낀 삶의 어느 부분도 점점 바르게 펴집니다.

마음챙김의 원래 뜻은 바른 기억이라고 했죠? 그러니까 마음챙김 하는 연습은 바르게 기억하는 연습이라고 할 수 있답니다.

바른 기억이
_____ 상처를 치유한다

하연 씨 이야기로 바른 기억, 즉 마음챙김의 개념을 조금 더 이해해보겠습니다.

하연 씨는 어릴 때부터 아버지와 사이가 좋지 않았어요. 하연 씨의 가족은 요즘에는 보기 드문 네 남매이고, 더욱 보기 드물게도 아버지가 굉장한 남녀 차별주의자였어요. 언니와 여동생은 남동생과 딸들을 차별하는 아버지를 거의 '포기'했습니다. 그런데 둘째 딸인 하연 씨만은 늘 아버지에게 대항했어요.

욕심도 많고 똑똑했던 그녀는 남들이 부러워하는 대기업에 취직하여 결혼도 했고 아이도 둘을 낳았습니다. 그러면서 자신이 경쟁에서 이기고 강해진 데에는 아버지에게 인정받고 싶은 동력이 크게 작용했음을 이해했습니다. 엄마가 되고 나자 그런 아버지에게 미운 마음 대신 고마운 마음도 이따금 일어났어요.

명상을 하는 동안 아버지에 대한 부정적 기억을 고마운 마음으로 감싸 안으면서 마음이 밝아졌고, 아버지의 말과 행동에 덜 휘둘리게 되었죠.

그러나 어디까지나 명상하는 동안만 그러할 뿐, 명절이나 생신 같은 가족 모임에만 다녀오면 늘 후회와 반성을 반복했습니다. 아버지의 사소한 말과 행동에 어릴 때부터 억눌렸던 화가 자신도 모르게 표출됐기 때문이에요.

"아빠가 우리한테 해준 게 뭐 있어?"

최근 어머니의 생신날, 이 말이 불씨가 되어서 아버지와 크게 싸웠습니다. 그날은 말다툼 끝에 아버지가 드라마처럼 목뒤를 잡고 주저앉는 일까지 벌어졌죠. 천만다행히도 큰 사건으로 번지지는 않았지만, 식구들은 얼굴이 하얘질 정도로 놀랐어요.

하연 씨는 아버지를 향한 반성과 고마움이 일어난 상태, 그러니까 자기 마음이 환해지는 '바른 마음' 상태를 잘 알았습니다. 스스로 바른 마음과 바르지 못한 마음을 구분할 수 있었어요. 그러나 일상에서 바른 마음 상태가 꾸준히 이어지지는 못했습니다.

바른 마음을 일상에서도 쭉 기억하기, 이것을 '바른 기억의 확립(팔리어로 '사티팟타나satipatthāna')'이라고 부릅니다. 바른 마음을 바르다고 아는 것, 바르지 못한 마음을 바르지 못하다고 아는 것, 그리고 마음이 길을 잃었을 때 바른 마음을 떠올리는 것, 바른 방향으로 능숙하게 마음을 기울이는 것, 그것들을 정착시키는 과정을 말합니다.

좋은 강연을 듣고 책을 읽을 때는 '그래, 맞아. 제대로 이해했어', '이제 이렇게 해야지'라고 생각하지만 그때 생겨난 지혜를 일터로 돌아가거나 식구들과 지내면서 금세 잊어버리죠. 바른 마음을 잠시 망각했다고 볼 수 있어요.

그래서 마음챙김의 본래 뜻이 바른 기억인 거예요. 바른 마음을 잊지 말아야 하고, 혹시 잊었다면 다시 기억해서 바른 마음을 불러오라는 뜻이 내포되어 있습니다. 삶에서 이런 연습에 익숙해지면 바른 기억이 확립되어갈 수 있겠지요.

이를 다른 말로 하면 과거에 나쁘게 저장된 기억이 현재 경험에 별 영향을 미치지 않는다는 뜻입니다.

마크 트웨인Mark Twain은 과거 경험으로 현재 경험이 결정되는 일을 이렇게 표현했습니다.

뜨거운 난로 위에 앉았던 고양이처럼 되지 않도록 말이
다. (…) 그 고양이는 이제 식은 난로 위에도 절대 앉지 않
을 것이다.

– 마크 트웨인의 『마크 트웨인의 유쾌하게 사는 법』 중에서

이 고양이와 우리가 다르다면 과거의 일은 교훈으로 삼되, 이
순간을 좀 더 즐기며 가벼운 마음으로 살아갈 수 있을 거예요.

나도 모르게 심는
_____ 고통의 씨앗

 지금 기억에 대한 이야기를 이어가고 있어요. 삶이란 기억 덩어리이고, 그 기억 중에 왜곡된 부분을 바르게 펴는 일이 마음챙김 하는 일이라고 말했습니다. 그런데 마음챙김 명상에 관해서 이런저런 지식이 있는 분들에게는 이 기억에 관한 내용이 낯설 거예요.

 요즘 마음챙김 이야기는 주로 오감, 생각, 감정의 흐름을 판단 없이 알아차려서 '순간을 살아가기'에 초점을 맞추고 있거든요. 물론 그 또한 너무너무 중요한 이야기입니다.

 하연 씨라면 아버지와 대화할 때 '캄 다운Calm down!'을 속으로 되뇌는 건 이 순간에 꼭 필요한 주의력이겠지요. 다만 스트레스의 뿌리가 되는 생각인 '아버지는 나를 인정해주지 않는다'가 '캄 다운!'만 잘 되면다고 해결될까요?

스트레스의 뿌리를 뽑아내려면 아픈 기억을 바르게 하는 작업이 반드시 필요합니다. 그래야 현재 삶이 그 기억에 영향을 덜 받습니다. 그러지 못하면 아픈 기억 때문에 자신도 모르게 고통의 씨앗을 계속 심을 수 있어요.

"우리 아이가 다행히 내 뜻을 잘 따라줘서……."

유학을 보낸 딸아이에 대해 이야기하다가 미선 씨는 감정이 북받쳐서 눈물을 훔쳤습니다. 슬픔과 기쁨이 뒤섞인 얼굴이었습니다. 그 내용인즉 자기 과거의 한을 딸아이가 씻어주고 있다는 것이었습니다.

미선 씨는 요즘 세상에 저렇게 가난한 사람도 있나 할 정도로 너무 어렵게 자랐습니다. 부모님 시절도 아니고 지금 사십 대 중반인데 고등학교도 졸업하지 못한 채 공장에 다녔습니다. 미선 씨 말로는 '하위 1퍼센트'에서 시작해서 '피를 토하는 심정'으로 돈을 벌었다고 했습니다.

미선 씨는 세일즈로 성공했습니다. 지금 생활 방식은 중산층의 표본 내지는 모범 답안과 같습니다. 일찍 결혼해 낳은 딸아이는 열다섯 살에 유학을 가서 지난해에 미국 명문대에 입학했습니다.

여기까지 들으면 아픈 과거를 딛고 일어나 자신도 잘나가고 자식을 명문대에 보낸 훈훈한 성공 스토리로 읽힙니다.

네, 겉으로 드러난 현상만 보면 정말 그렇습니다. 그런데 미선 씨는 마음의 많은 부분이 일그러져 있었습니다.

모든 부모는 자기 욕망을 아이가 대리하게 하는 실수를 저지릅니다. 모든 부모라는 말이 불쾌할 수 있는데, 실수의 크기나 지속 기간에서 차이가 날 뿐 실수한다는 자체는 같아요. 내가 좋으면 아이도 좋을 것이라는 어리석은 사고가 그 바탕에 있죠. 다만 무지 때문에 일어나는 일일 뿐, 부모가 아이를 나쁘게 하려는 의도에서 출발하지는 않습니다.

부모가 학교에 너무 가고 싶었는데 못 갔다면, 거기다가 지금은 성공했다면 아이는 반드시 좋은 학교에 가야 하는 압박을 받습니다. 아이도 학교 공부를 좋아한다면 시너지 효과가 나는데, 대부분 그렇지 않죠. 아마 학교 공부를 좋아하는 성향이 있더라도 부모가 거기에 엄청난 집착을 하고 있음을 느끼면 그때부터 아이는 공부를 두려워하게 됩니다.

만약 부모의 경제력이 막강하다면, 부모가 바빠서 아이에게 충분한 사랑을 표현하지 못했다면 아이는 부모와의 관계에서 거절당할까 봐 두려워서 그 마음을 드러내기 어렵습니다. 부모를 거스르고자 하는 욕망, 자신을 찾고자 하는 욕망은 수면 아래로 내려가게 되지요.

지금 미선 씨는 딸아이를 통해 자기 목표를 실현했고, 그 아이에게 잠재된 욕망이나 상처가 아직 드러나지 않은 상태이기 때문에 평화로운 시기를 보내고 있습니다. 그러나 위태로운 평화였어요. 지나가는 이야기로 '지금은 괜찮아졌지만, 아이가 처음 유학을 가서 우울증으로 약을 먹는 등 많이 힘들어했다'는 일화를 결코 흘려들을 수 없었습니다.

"아이가 중학교 때 먼저 유학을 떠나길 바랐고, 지금 다니는 대학에도 자신이 가길 원했어요."

미선 씨는 딸아이가 자기 꿈을 찾아갔다고 믿었습니다. 그런데도 '아이가 내 뜻을 잘 따라줬다', '아이는 정말 착하다', '엄마를 잘 이해하고 고마워한다'라고 모순된 이야기를 합니다.

사실 굉장히 무서운 이야기예요. 미선 씨는 앞으로 어떤 힘겨운 상황이 일어날지 모르는 채 고통의 씨앗을 열심히 심어왔고, 여전히 심고 있습니다. 심지어 자신이 그 씨앗을 심어왔다는 사실도 부정하면서 말이죠. '아이가 원해서'라고 믿고 있으니까요.

'아이의 학비를 마련하기가 버겁긴 하지만 아이를 믿고 버틴다'는 미선 씨에게서 서늘한 욕망의 그림자가 보였습니다.

커다란 욕망은 '한'에서 비롯됐을 겁니다. 자기 한을 자신이 풀지 않으면 그 한은 얄궂게도 전승됩니다. 미선 씨는 '자신이 못 배운 한을 아이에게 물려주지 않았다'는 데에 자부심을 지니고 있었어요. 그러나 안타깝게도 이미 똑같은 한이 전승되고 말았어요.

욕망을 거부당하는 한 말입니다. 학교에 다니고 싶다는 미선 씨 자신의 욕망이 철저히 거부당했던 것처럼, 아이는 내 뜻대로 살고 싶은 욕망을 미선 씨로부터 철저히 거부당하고 있습니다.

만약 미선 씨가 마음을 공부했더라면, 자기 과거 기억을 바르게 했더라면 단지 아픈 기억을 한으로 크게 키워서 아이에게 고스란히 물려주지 않아도 되었을 겁니다.

지금까지 왜 마음을 공부해야 하는지, 기억을 어떻게 다루어야 하는지 살펴봤습니다. 다음 장부터는 일상생활 속 마음챙김 이야기여서 일상적인 주제로 넘어가기 전에 마음밭을 고르고 싶었습니다.

해묵은 기억 중에서 목에 가시처럼 탁 걸리지만 외면해온 기억, 잊고 살았는데 지금 나에게 강력한 영향을 미치고 있다는 걸 알게 된 기억, 이런 기억들이 있다면 잠시 숙고해보면 좋겠습니다.

3장

마음이 편안 하려면

—

'지금, 여기'에 대한 마음챙김

우리가 바라는 것은 온전히 마음에 달려 있다.
나는 행복이란 마음에 달렸다고 생각한다.

– 타샤 튜더 Tasha Tudor

가만히 멈추어
_____ 마음을 보면

"제가 아파트 5층에 사는데 풀벌레 소리가 여기까지 들리는지 몰랐어요."

저와 온라인 명상을 밤에 함께했던 친구가 이런 말을 하더군요. 평소에는 이런저런 생각을 하면서 흘려들었거나 그런 일상의 소리 자체에 귀를 기울이지 않았나 봅니다. 이 책을 읽는 지금 이 순간에도 여러분 주변에는 매우 다양하고 섬세한 소리들이 있을 겁니다.

잠시 읽기를 멈춘 채 오직 소리만 잘 들어보겠다는 마음으로 눈을 감고 온 신경을 귀에 모으세요. 그대로 조금만 머물러도 소리들이 하나하나 살아나서 또렷하게 들려옵니다.

그렇게 소리들이 '하나하나 살아나는' 까닭은 주의력 덕분이에요. 마음의 주의력이 사방팔방 흩어져 있다가 청각기관에만 오롯이 머무니까 그동안 들리지 않던 미세한 소리까지 포착됩니다. 내가 있는 공간에 이런 소리를 내는 사물도 있었구나, 창밖 거리에는 버스가 지나가고 아이들이 웃는구나⋯⋯ 하고 눈에는 보이지 않던 풍경이 소리를 통해 자세하게 그려집니다.

눈을 감고 세상을 보면 눈을 뜨고 있어도 건성으로 보았던 것, 미처 몰랐던 것이 보여요. 명상에 조금만 익숙해져도 그런 생각이 듭니다.

'아, 눈을 감아야 세상이 더 잘 보이는구나.'

앙투안 드 생텍쥐페리Antoine de Saint-Exupéry의 『어린 왕자』에 나오는 이 말 "중요한 것은 눈에 보이지 않아"를 좋아하는 분, 많으시죠?

눈을 감고 주의를 기울이면 중요한 것이 보입니다. 내 생각이라는 작은 창으로 편집한 세상이 아니라, 있는 그대로의 세상이 다가와요. 소소한 삶의 소리, 미처 읽지 못했던 그 사람의 마음, 지금 이 공간에 흐르는 공기의 결, 의자에 기댄 등으로 느껴지는 촉감⋯⋯도 마음의 눈 속으로 들어옵니다.

특별한 뭔가를 하지 않았는데 일상의 질감이 살아나요. 그리고 분주하게 다니면서 놓쳤던, 여러 관계에서 오간 말과 행동과 그 마음이 떠오릅니다.

몇 분만 이렇게 잘 듣고 느끼다가 눈을 떠도 머리가 맑아지고 마음이 가라앉아 환기가 되어요. 말하자면 이건 약식 명상이고, 우리가 아는 부동자세로 앉아서 눈을 감은 채 마음을 가라앉히고 또 가라앉혀 오래도록 머무는 명상도 있습니다. 약식이든 정식이든 마음을 가라앉히고 지금 여기에 오롯이 머무는 연습은 다 명상이라 할 만하죠.

저는 무조건 정좌 명상(앉아서 하는 명상)을 권하지는 않습니다. 일상에서 내 마음을 보는 데 익숙해졌을 때 정좌 명상까지 겸하면 좋다고 생각하는 쪽이죠. 물론 그 반대여도 좋습니다. 좌선 명상에 길들어서 일상에서 내 마음을 보는 습관이 들기도 합니다.

무엇이 앞이냐 뒤냐 하는 순서의 차이일 뿐 핵심은 같아요. 일상을 살 때도 내 마음을 보는 버릇을 들이자. 그리고 하루 중에 따로 시간을 내어서 다 내려놓고 내 마음을 점검해보자. 이런 작업이 유기적으로 이루어지면 명상하는 습관이 생겼다고 할 수 있어요.

마음공부는 '가만히 멈추어 마음을 본다'에서 출발합니다.

심오한 통찰도, 가벼운 숨 고르기도 여기서부터 이루어져요. 태권도의 차렷 자세처럼 마음챙김의 차렷 자세도 '가만히 멈추기'입니다.

내가 뭘 가지러
_____ 여기에 왔더라?

앞에서 마음챙김이 바른 기억이라고 했는데 오래된 기억뿐만 아니라 어제오늘의 기억도 매우 중요하잖아요? 비교적 짧게 저장하는 기억을 '단기 기억short-term memory(수초에서 일 분 정도만 저장하고 잊어버리는 기억)'과 '작업 기억working memory(일이나 학습을 할 때 필요에 따라 저장하는 기억)'이라고 합니다.

마트에 갈 때 무엇을 사러 나왔는지 기억하는 것부터 업무를 어떻게 처리하고 있는지 확인하는 것, 동료의 말을 들어주고 기억하는 것까지 모두 단기 기억과 작업 기억의 영역이죠.

이처럼 짧게 입력·저장·유지·출력하는 기억은 일상생활을 하는 데 무지 중요합니다. 오래된 기억을 바르게 펴는 일만큼

이나 단기 기억과 작업 기억을 좋아지게 하는 일도 필요해요.

"저번에 네가 그 말을 했나?"

"내가 무엇을 가지러 여기에 왔지?"

"이달에 관리비를 냈나, 안 냈나?"

이렇게 갸우뚱하는 일, 너무나 흔하지 않나요? 단기 기억과 작업 기억이 좋지 못할 때 일어나는 일이에요. 그래서 '마음챙김 하라'가 '잘 기억하라'는 뜻인 겁니다.

왜 잘 기억하지 못했을까, 그때 왜 마음을 놓쳤을까 짚어보면 그 일을 할 때 딴생각이 끼어들어서 그래요. 잠깐 딴생각을 하고 말았다, 이것은 우리 고질병입니다. 스마트폰 때문에 더 심해지기도 했지만, 원래 길들이지 않은 마음은 그렇게 움직인답니다. 그래서 잡생각을 하는 버릇을 고치려는 실용적 목적에서 명상하는 사람도 많아요.

도대체 무슨 생각을 하는지 가만히 들여다보면 앞날을 생각하거나 지나간 일을 생각하면서 시간이라는 레일 위에서 늘 앞으로 갔다가 뒤로 갔다가 합니다. 그게 전부임을 관찰하면 허탈하기도 하죠. 뭔가 복잡한 사고 작용이 벌어지는 것 같았는데 결국 앞날 걱정(계획), 아니면 지나간 일에 대한 후회(반추) 뿐이라니.

마트에 가서 건전지를 사는 풍경을 그린다거나(계획), 조금 전에 영상으로 본 아이돌의 농담이 떠오른다거나(반추) 하면서 방 청소를 하는 그 짧은 시간 동안에도 걸레질 하나에 집중하지 못합니다.

걸레질에는 집중이 좀 덜 되어도 해가 없지만, 학생인데 공부에 집중하지 못하거나 직장인인데 집중력을 잃어 업무를 제대로 처리하지 못하거나 사람을 만나도 건성으로 대하고 말면 일상은 계속 부산하기만 하고 세세한 일은 기억하지 못하는, 붕 뜬 느낌으로 살아가게 되고 말죠.

저도 쓰면서 '앗, 나도 그런데?' 싶었지만, 그래도 이렇게 당당히 쓰는 까닭은 '거의 모두가 그러니까 괜찮아. 어쩔 수 없는 일이야'라고 체념하기보다는, 이는 치료돼야 하고 치료될 수 있다는 사실을 알기 때문입니다.

마음이 순간에 머물지 못하고 계속 생각으로 점철된다면 차분히 주의를 기울이는 연습을 해야 해요.

명상가들은 그래서 '지금 여기'를 늘 강조합니다. 무엇을 하는지도 모르는 채로 해버리지 말고 지금 하는 일, 지금 하는 말, 지금 먹고 있는 마음에 주의를 기울이라는 뜻이죠.

여전히 사람들은 저에게 "명상을 왜 해야 돼요? 명상하면 뭐가 좋아요?"라는 질문을 많이 하는데, 가장 실용적인 답을 하자면 "잡생각을 덜 하려고요"입니다. 조금 더 풀어서 이야기하자면 "이 순간에 주의를 기울이는 연습을 하려고요"입니다.

마음의 무늬를 바꾸는
_____ 눈표범의 시간

"그래서 명상은 어떻게 하면 되는데요?"

명상의 정석을 진짜로 알고 싶다면 험준한 고산지대로 마음을 먼저 데려가봐야 합니다.

영화 〈월터의 상상은 현실이 된다〉에서 사진작가 숀 오코넬은 화산 꼭대기에서 눈표범 한 마리를 기다립니다. 숀은 목숨을 걸고 극한 오지로 사진을 찍으러 다니지요. 몇 날 며칠을 눈표범 한 마리만 기다리는데 오랜 기다림 끝에 드디어 뷰파인더에 눈표범이 나타나요. 그걸 보고는 그저 환희에 젖어서 감상만 합니다.

이를 옆에서 보던 월터 미티가 의아하게 묻죠.

"언제 찍을 거예요?"

"그냥 이 순간에 머물고 싶어요."

손은 진짜로 찍고 싶은 사진이 있을 때는 그냥 그 상태를 보는 것으로 만족한다고 대답합니다. 화산 꼭대기까지 카메라를 메고 오르느라 목숨까지 걸어야 했지만, 며칠이고 비바람을 맞으며 눈표범을 간절하게 기다렸지만, 결국 셔터를 누르지 않습니다. 자신이 온갖 모험 끝에 찾아낸 피사체를 자기 마음에만 담기로 하죠.

영화적인 상상력을 덧붙이긴 했지만, 여기에 나오는 '눈표범'은 그냥 아름답게 등장하고 마는 영화 소재가 아니에요.

실제로 눈표범은 첩첩산중에서 일주일 정도를 굶으면서 마치 삼매三昧(고도로 정신 집중을 하는 경지)에 든 고승처럼 서 있습니다. 첩첩산중이라 안개만 자욱합니다. 안개 속에서 가만히 서 있는 그 시간을 거치면 눈표범은 윤기가 나고 무늬도 더 아름다워진다고 합니다.

여기서 나온 공안公案(선종에서 내려오는 공부 규범)이 "표범은 안개에 쌓여서 무늬가 바뀐다(표피무이변문豹披霧而變文, 『종용록從容錄』143칙 게송)"입니다.

살면서 아무것도 하지 않고 가만히 존재해본 적 있나요? 농

담 같지만 그러려면 상당히 노력해야 합니다. 늘 일거리를 찾아서 허덕이던 마음은 아무것도 하지 않으면 위엄을 갖추고 삼매에 들기는커녕 꾸벅꾸벅 졸며 혼미해지고 맙니다.

명상의 정석은 이렇습니다. 수행자는 방석 위에서 열렬히 아무것도 안 합니다. 안개 속에서 헤매는 마음을 고요하게 계속 가라앉힙니다. 아주 정신이 완전히 깨어 있는 채로 말이죠.

가만히 존재하는 이는 오직 한 가지만 물으며 앉아 있습니다.

"지금 마음이 무엇을 아는가?"

마음챙김 하는 사람들이 기억해야 할 가장 완전한 질문도 바로 이것이에요.

"지금 마음이 무엇을 아는가?"

존재의 무늬를 바꾸는 시간은 그렇게 만들어집니다.

흠…… 너무 고고한 본보기였나요?

그랬다면 이번에는 평범한 우리가 눈을 감고 용쓰며 앉아 있는 방석 위로 한번 가봅시다.

생각은 마음이
_____ 아닙니다

"이제껏 생각이 곧 마음인 줄 알았어요!"

명상에 조금 익숙해지면 이런 이야기를 많이 합니다. 명상을 처음 해보면 그저 졸음을 쫓기 바쁩니다. 그러다가 졸음을 극복하면 수많은 생각이 일어나고 사라지는 작용이 보입니다. 이때 지금까지 '생각'과 '마음'을 하나로 여기고 살아왔는데 '이상하다. 그게 아닌 것 같다'라는 자각이 일어납니다.

늘 이런저런 생각에 끌려다닐 뿐 이런 생각을 하고 있네, 저런 생각을 하고 있네, 하고 내 생각의 흐름을 한 발 떨어져 지켜본 적이 없다 보니 내 머릿속에서 일어나는 생각과 그것을 지켜보는 마음이 분리되어 있는 줄 몰랐던 겁니다. 생각은 마음의 작용 중 하나이지만, 생각이 곧 마음은 아니에요.

생각의 속성이 궁금한 적 있나요?

생각이 덜 일어나게 하는 방법을 '생각'해본 적 있나요?

생각이 덜 일어났을 때 어떤 유익함이 있는지 경험한 적 있나요?

자신이 생각을 얼마나 하면서 살고, 거기에 얼마나 지배를 받는지 조사해본 적 있나요?

자, 생각에 대해서 살펴보면 무슨 일이 일어날까요?

생각을 관찰해보면 미디어의 속성과 정말 비슷하다는 걸 발견합니다. 오감과 바깥 대상이 만나서 끊임없이 정보가 생성됩니다. 그 정보들은 이렇게 저렇게 변용되어 비슷비슷한 데이터들을 바쁘게 송출합니다. 마치 거실에 틀어놓은 텔레비전처럼 누가 와서 보건 말건 생각은 계속 방송합니다.

마음은 텔레비전 소리에 쉽게 이끌립니다. 청소를 하다가도 텔레비전에서 출연자들이 '와, 오오' 하며 큰 소리로 리액션을 하면 청소는 그만두고 그 소리를 따라 마음은 이내 화면 앞으로 다가갑니다. 그러고는 온 감각을 열어놓고 텔레비전 화면에 나오는 음식을 쳐다봅니다. '와, 맛있겠다!', '내일은 나도 피자를 시켜야지' 같은 생각을 더하며 계속 바라봅니다.

생각이 일어나면 보통 거기에 마음의 주의를 온통 빼앗겨요. 연이어지는 생각과 감정을 생생하게 경험하는 데 몰두합니다. 마음의 주인 자리를 생각에 내주는 셈입니다. 일상에서 가만히 지켜보면 기꺼이 생각의 노예로 살아가면서도 그 사실조차 인지하지 못해요.

명상을 처음 하는 어느 분이 오셔서 좌선을 일주일째 행복하게 하길래 이상해하며 지켜봤습니다. 초보자가 좌선 명상을 좋아하는 일은 매우 희귀(!)하거든요. 그분은 명상이 끝난 다음에 이렇게 이야기했습니다.

"생각이 정리되고 참 좋아요!"

"……어떤 생각을 하세요?"

"계획을 세울 것도 있고…… 제 생각을 좀 정리할 시간이 필요했거든요. 나에 대해서 생각하다 보니까 뭔가 정리가 되는 것 같으면서 집중도 잘되고, (기쁘게 웃으면서) 정말 신기해요!"

"저…… 그런데 명상 시간에는 생각을 계속 내려놓아야 한다고 말씀드렸는데……."

"아! 그럼 무얼 하라는 말인가요?"

"좋은 생각이라도 내려놓고서 오로지 자기 숨과 몸의 느낌에 마음을 모읍니다"라고 했더니 '그런 쓸데없는 걸 왜 하나?'

하고 충격을 받은 모습이었어요. 마치 아이에게서 좋아하는 장난감을 빼앗아 빈방으로 내쫓은 느낌이 들었답니다. 이제부터 그분의 명상 시간은 괴로운 시간이 될 것 같아서 좀 미안했습니다(실제로 그 뒤로 많이 괴로워하셨어요!).

명상 초보자들에게 생각은 내버려두고 숨만 알아차리라고 하면 그때부터 그저 졸립니다. 장난감이 사라졌기 때문이죠. 나쁜 생각은 해로우니 내려놓아야 한다는 데에 쉽게 동의하지만, 유익한 생각마저 그래야 한다는 것은 받아들이기 어려워합니다.

그러고는 온갖 생각에 시달립니다.

'이리 공허하게 시간을 보내는 것보다 좋은 생각을 하는 편이 낫지 않을까? 그냥 숨을 느끼라니, 몸을 느끼라니? 차라리 긍정적인 확언을 하면서 미래에 이루어질 일을 생생하게 떠올리는 편이 유용할 것 같은데 말이야.'

그런데 텔레비전처럼 계속 흘러나오는 그 생각에 마음의 주의를 자주, 잘, 많이 빼앗기는 습관에서 자기 괴로움이 비롯하는 줄 안다면 조금 더 진지해져야 합니다.

외로운
_____ 텔레비전

혜가 스님과 달마 대사의 유명한 일화가 있죠.

혜가 스님이 제 마음이 불안합니다, 하니 달마 대사가 그럽니다.

"불안한 마음을 가져와봐라."

(잠시 후) "찾을 수가 없습니다."

"해결되었다."

불안하다면 그 불안을 한번 찾아보세요. 놀랍게도 불안은 실체가 없습니다. 이런저런 몸의 느낌을 불안이라고 개념화했을 뿐 '불안이 어디에 있지?' 하며 찾아보면 그저 심장이 세차게 뛰고 몸이 떨립니다. 그 박동이 줄어드는 동안 몸의 떨림이 여기저기 옮겨 다니지요. 즉 몸의 느낌이 미세하게 변화하고 있지, '불안'은 내 안에 없어요.

불안뿐만 아니라 스트레스의 실체도 원래 없다는 걸 아는 것은 놀라운 지혜입니다. 우리 뇌는 망상으로 스트레스를 창조하는 괴상한 능력을 가지고 있어요. 붓다와 비슷한 시기에 살았던 고대 그리스 철학자 에픽테토스Epictetus는 이에 대해 조금 더 부연해줍니다.

우리를 괴롭히는 것은 행위가 아니라 행위에 대한 사사로운 생각들이다. 예를 들어 죽음이라는 행위 자체는 두려운 것이 아니다. 만약 죽음 그 자체가 두려운 것이라면 소크라테스도 죽음 앞에서 두려워했을 것이다. 하지만 실제로 두려운 것은 죽음에 대한 생각이다.

– 에픽테토스의 『에픽테토스의 인생을 바라보는 지혜』 중에서

예를 들어 발표를 앞두고 스트레스를 받는다면 발표라는 행위가 아니라 발표를 망치면 어떡하나 하는 생각이 스트레스입니다. 발표 준비를 할 시간에 걱정스러운 생각을 붙잡죠.

생각은 정신 작용이고 그 자체로 쓰임이 많지만 스트레스로

발전할 소지가 많아요. 우리 마음은 생각과 너무 친하고 생각을 거의 무조건 따르려 하기 때문에 거기서 떨어질 줄 몰라요. 그래서 명상할 때는 생각과 거리 두기를 합니다. 생각이 흘러가도록 그냥 내버려두는 거예요.

그렇다면 일상생활을 할 때는요?

그때도 마찬가지입니다. 어떤 생각이 떠오르면 거기에 빠지지 마세요. 그런 생각이 일어났다는 것만 알아보고는 깊숙이 관여하지 않은 채 흘러가게 합니다. 단지 생각이 일어나고 변화하고 사라지는 것만 알아차립니다. 생각을 망상으로 발전시키지 않기 위한 연습이에요.

대신 호흡에 더 마음챙김 합니다. 몸의 느낌에 더 마음챙김 합니다. 초보자일수록 호흡이나 몸의 감각에 계속 주의를 기울이면서 그저 존재할 줄 알아야 해요. 생각은 저 혼자 지나가도록 놔둡니다. 아무리 좋은 생각이라도.

아마도 의구심이 자꾸 올라올 겁니다. 우리는 지적인 생명체이고 이런저런 생각으로 좋은 것을 만들어내지 않느냐고, 깊이 생각해야 아이디어와 통찰력을 얻을 수 있지 않느냐고, 생각의 힘을 무시하느냐고 되묻고 싶을 거예요.

그런데 훌륭한 수행자들은 기계적인 일(우리 대부분의 일상이 여기에 들어가지 않나요?)을 할 때 생각을 거의 하지 않습니다. 이 '거의 생각하지 않는다'는 거저 되지 않아요. 생각에 주의를 기울이지 않는 무수한 연습 끝에 획득되는 모드임을 알아야 합니다.

그들의 이야기는 한결같습니다. 생각하지 않으면 사소한 일도 그르치고 잘 안 되는 줄 아는 것은 큰 착각이라고요. 생각을 거의 하지 않으면 마음이 고요해져 판단력이 더 또렷해지고 스트레스도 덜 받는다고 말입니다.

우 조티카U Jotika 선사도 "마음챙김을 좀 더 계발하는 것이 중요합니다. 생각을 너무 하면 통찰에 둔해집니다"라고 경고했어요.

길들이지 않은 마음은 통찰마저도 자꾸 생각으로만 하려 합니다. 가만히 존재하며 머무는 속에 그 통찰이 들어 있다고는 믿지 못합니다.

이는 통상적인 개념과는 완전히 반대여서 당황스러울 거예요. 생각을 붙잡지 않는 연습을 해야 둔해지지 않는다니, 좋은 생각마저 내려놓으라니, 명상을 하는 동안만이 아니라 일상생활을 할 때도 그리하라니.

물론 꼭 생각을 통해야 하는 일이 있다면 그때는 생각을 이용하여 일을 처리해야겠지요. 그러나 일이 끝나면 생각에 관여하지 말아야 해요. 혹은 생각은 숙고할 때 잠깐만 활용하면 됩니다. 그 숙고의 시간 말고는 그저 호흡에, 몸의 느낌에 마음챙김 하며 존재할 수 있어야 마음의 힘이 길러져요.

이를 단번에 전부 이해하겠다는 욕심을 내려놓고서 알듯 모를 듯한 느낌만 가지고 나선형 계단을 돌아서 올라가봅시다. 정리한 내용을 다시 곱씹으면서요.

○ 생각은 일할 때와 숙고할 때 활용할 것

○ 일이나 숙고가 끝나면 생각은 거실에 저 혼자 틀어놓은 텔레비전처럼 외롭게 놔둘 것

○ 명상할 때도, 생활할 때도, 거의 언제나

머리가 빨갛게 부풀어
_____ 터질 것 같을 때

'머리가 커지는 것 같아. 계속 부풀어 올라. 빨개지고 있어. 아, 뜨거워……'

이럴 때는 불에 덴 것처럼 깜짝 놀라며 비켜섭니다. 머리가 작아질 때까지, 열기가 적이 식을 때까지 골목을 하릴없이 걷든지, 카페에 한가로이 앉아 있든지, 건물 옥상에라도 올라가서 일상의 여백을 만듭니다. 빨갛게 부푼 머리는 시선을 돌리고, 몸을 움직이고, 숨을 고를 때 천천히 식습니다.

미술 치료사에게 들으니 생각이 많은 사람일수록 자기 머리를 크게 그린다고 합니다. 머리만 너무 커져 있는 불균형한 상태인가요? 그렇게 되지 않도록 생각이 발바닥까지 내려오게 해봅니다. 생각을 머릿속에만 가둬놓지 말고 온몸으로 할 수 있도록 살살 움직입니다.

생각 중이던 문제를 풀려면 그 문제를 꼭 잡고 있어야 할 것 같습니다. 하지만 오히려 몸을 인지하면서 문제를 내려놓으면 갑자기 답이 떠오를 때가 많아요. 바로 이완과 알아차림의 효과예요. 이런 시간에 똑똑함이 배양됩니다.

생각은 매우 촘촘하게 일상에 반응하고 논평을 보내요. 잠시도 코멘트를 하지 않고 조용히 있는 법이 없죠. 그런데 몸의 느낌에 의식적으로 주의를 더 가져갈수록 생각은 힘을 조금씩 잃습니다. 생각이 듬성듬성 일어나지요.

그러면 마음이 단순해집니다.

그렇다고 마음을 단순하게 만들기 위해서 생각을 줄이자고 덤벼들면 곤란해요. 생각은 없애려고 마음먹으면 더 반발하는 속성이 있거든요. 대신 머릿속 생각보다는 몸에서 지금 일어나는 느낌에 주의를 두려고 노력합니다.

스마트폰을 보면서, 혹은 딴생각을 하면서 운동을 한 시간 하느니 차라리 삼십 분이라도 내 몸에서 지금 일어나는 느낌과 호흡을 유심히 알아차리면서 가볍게 걷는 편이 좋습니다. "운동하러 갈 시간이 없어!"라는 분은 일상에서 몸의 감각에 자주 청진기를 대며 가만히 머물러도 좋아요.

물론 운동할 필요가 없다는 이야기는 전혀 아닙니다. 현대인은 몸을 너무 안 움직여서 탈이 나니까요. 단지 몸과 정신 건강 둘 다를 위해서 더 나은 방법이 무엇인지 말씀드리고 싶어요.

몇 분씩 몸의 감각에 주의를 가만히 두고 몸을 읽는다고 해서 한 달 만에 5킬로그램이 감량되거나 허리선이 되살아나지는 않을 테지만, 몸과 정신 건강에는 확실한 이익이 있어요.

몸의 감각 자체에 큰 의미가 있어서가 아니에요. 몸은 언제나 이 순간을 살기 때문에 몸의 감각에 주의를 기울이는 동안 지금 이 순간에 깨어 있을 수 있어요. 생각이 비워지면서 지금 여기에 생생하게 잘 존재할 수 있다는 걸 깨닫게 되죠. 현재에 집중하는 주의력도 높아져서 일상을 더 섬세하게 감지할 수 있답니다. 당연히 몸의 느낌을 제대로 파악하는 버릇을 들이면 크게 발전할 수 있는 병도 미리 알아차릴 수 있겠지요.

몸의 감각에 귀 기울이기

일상에서 몸의 느낌에 자주 주의를 기울이면 그 자체가 초간단 명상이 될 수 있어요. 갑자기 어깨가 쿡쿡 쑤신다거나 가슴에 먹먹한 느낌이 일었다면 이런 현상이 왜 일어났을까에 대해 파고들어 생각하는 게 아니에요. 온몸에 청진기를 대듯이 '지금 이런 느낌이 여기에서 일어나고 있구나!', '여기에서 일어났던 느낌이 저기로 옮겨 가는구나', '이렇게 따끔거렸던 것은 저렇게 변해가는구나' 하면서 호기심을 갖고서 미묘한 변화를 계속 알아차리기만 해보세요. 이는 자주 오래 해도 좋습니다. 마음이 불편하거나, 감정이 북받쳐 오르거나, 스스로를 통제할 수 없을 때도 이 방법을 씁니다. 누워서나 앉아서나 놀이 삼아서 계속해도 전혀 부작용 없이 마음을 편안하게 할 수 있는 방법입니다.

숨, 마음이 쉴 수 있는
_____ 세상 끝의 집

술을 좋아하는 제 친구는 일 년에 한두 번쯤은 꼭 술이 술을 마시는 밤을 보냅니다. 그다음 날에는 꼼짝없이 누워만 있죠. 친구는 그때마다 이렇게 말합니다.

"나, 숨만 쉬고 있어."

저는 전정신경염을 이따금 앓는데, 귀의 평형기관에 문제가 생기는 병이에요. 그 병이 닥칠 때마다 저도 숨만 쉬고 있어야 합니다. 평형감각 체계가 엉망이 되기 때문에 너무 어지러워서 도저히 움직일 수 없거든요.

몸이 많이 아플 때, 가끔은 마음이 너무 아플 때 누워서 숨만 쉽니다. 누군가는 술 때문에(술도 그렇게까지 마실 때는 마음이 아파서겠지요), 누군가는 우울장애 때문에, 누군가는 자신도 어쩌지 못하는 가족 때문에, 또 누군가는 예기치 못한 수술을 받아서, 아니면 먹고살기가 막막해져서…… 살다 보면 그렇게 숨만 쉬어야 하는 상황이 오더라고요.

그냥 보면 딱한 시간이지만 또 다르게 보면 숨만 쉴 수밖에 없으니까, 즉 숨만 쉬어도 괜찮은 호사스러운 시간이기도 합니다. 아무것도 할 수 없다고 느낄 때 우리는 비로소 평생 쉬어온 자신의 숨을 '진하게' 느낍니다.

숨은 마음이 쉴 수 있는 세상 맨 끝의 집 같아요. 세상을 떠돌던 여행자가 돌아와 비로소 쉴 곳. 지친 하루를 끝낸 후 몸을 누이고 싶은 곳. 복잡한 생각을 다 놓아버리고 싶을 때 '그래도 괜찮아'라고 기꺼이 도닥여주는 곳.

그런데 숨을 이야기할 때 몸의 감각을 이야기하지 않을 수 없어요. 우리는 몸의 감각으로 숨을 느끼거든요. 콧구멍 속으로 드나드는 공기의 온도, 인중을 스치는 아주 약한 바람의 흐름, 어깨와 가슴의 미세한 떨림, 아기처럼 부드럽게 오르내리는 배의 움직임 등 몸에서 미세하게 포착되는 감각 정보로 숨을 인지합니다. 오로지 숨만 있는 그대로 알아차릴 수 있으면 마음을 바로 관찰할 수 있어요. 그러나 그러기는 참 어렵습니다.

몸에서 일어나는 다른 감각은 대체로 분명하게 느낄 수 있어요. 그런데 숨이 들고 나는 것, 그 미세한 흐름만 오롯이 알아차리려면 아주 깊은 주의력이 있어야 하고, 그것은 '열심히' 연습해야 가능합니다.

주의력이 길러지지 않은 채 숨을 알아차리려고 하면 몇 초에 한 번씩은 주의력이 생각이나 감정으로 흩어집니다.

그래서 몸에서 일어나는 다른 감각을 구석구석 느끼다가 숨으로 돌아와 들숨, 날숨을 알아차리는 명상이 더 수월합니다. 이는 일상에서 생활할 때 틈틈이 해도 좋고, 따로 시간을 내어 가만히 앉아 눈을 감고 정좌해서 연습해도 좋습니다.

숨 관찰하기

자기 숨을 관찰해봅니다.
조용한 곳에서 편안하되 반듯하게 앉아서 합니다.

숨이 들어올 때 숨이 들어옴을 압니다.
숨이 나갈 때 숨이 나감을 압니다.
숨이 길어질 때 숨이 길어짐을 압니다.
숨이 짧아질 때 숨이 짧아짐을 압니다.

네, 오직 이렇게만 합니다.
아주 단순해서 쉬운 일 같지만 실제로 해보면 굉장히 어렵구나,
하고 느낄 겁니다. 숨은 자율신경계의 작용으로 몸의 상태에 따

라서 제가 알아서 잘 움직이는데 숨에 주의를 기울이면서 내가 그걸 자꾸 조정하려 들 수 있어요. 잘 쉬던 숨이 갑자기 어색해지고 길게 조정하려는 의도가 끼어듭니다.

그러고 싶은 의도를 계속 내려놓고, 다른 생각으로 마음이 끌려가도 다시 돌아와서 내가 숨 쉬는 것을 가만히 관찰하는 시간을 갖습니다. 있는 그대로의 숨 자체를요. 숨이 거친지 부드러운지, 깊은지 가벼운지, 불안한지 편안한지 등을 가만히 알아보기만 하면 됩니다.

초보자는 십 분, 익숙해지면 점차 시간을 늘려갑니다. 숨을 가만히 지켜볼 수 있는 시간이 늘어날수록 마음이 단순해지고 행복도도 올라간답니다.

나도 모르게 눈물이
_____ 툭 떨어지면

바쁜 하루가 다 지나가고 드디어 자려고 누웠는데 나도 모르게 눈물이 뚝 떨어진 경험이 있으신가요? 그런 날에는 오늘 틈틈이 내 기분을 잘 알아보지 못했구나, 하고 알면 됩니다.

보통 기분이 아주 나쁘거나 좀 좋을 때는 자기 기분을 의식합니다. 그러나 스트레스가 심할 때는 그조차 인지하지 못하고, 부정적인 생각에 휩싸여 있습니다.

자기 기분을 알아차리고 정확하게 이해할 수 있는 것. 사람이라면 당연히 가진 능력 같지요? 그런데 그렇지가 않습니다.

기분이 좋을 때 좋아하고 나쁠 때 나빠하지, '좋아하고 있네' 혹은 '나빠하고 있네' 하면서 내가 기분에 반응하는 그 자체를 알아보지는 않습니다. 단지 기분을 느낄 뿐, 느끼고 있는 자신을 한 번 더 알아보지 않는다는 이야기입니다.

자기 기분을 잘 알아차리고, 그 기분에 반응하고 있음까지 알아차리면 (약식이긴 하지만) '느낌에 마음챙김'을 했다고 말할 수 있어요. 단지 좋은 느낌이 일어날 때 '너무 좋아', 나쁜 느낌이 일어날 때 '정말 싫어' 하고 느끼는 정도가 아니라 좋은 느낌이 일어나서 '좋아하고 있구나' 하고 알면서 '심장이 두근거리네. 얼굴에 열이 오르네' 하고 몸의 반응까지 관찰해봅니다.

이런 연습이 일상적으로 되면 힘든 감정 때문에 무너져 내리는 일은 최소한 막을 수 있어요.

느낌들이 모여서 기분이 되고, 기분들이 모여서 감정이 됩니다. 최소 단위인 느낌 차원에서 알아차리면 그게 발전해서 나를 지배하는 감정으로 번지지 않아요. 적어도 '왠지 모르게 눈물이 툭' 한다며 당황하지 않을 수 있죠.

내 마음을 아는 것은 가볍게는 지금 내 기분이 어떤지 살피며 시작하면 좋습니다. 기분이 좋으면 좋다, 이 기분을 좋아하고 있는 자체까지 분명히 알아차려보세요. 그렇게 좋아하는 순간에 내 몸에는 어떤 변화가 일어나는지도 살펴봅니다.

예를 들어 마침 고개를 돌렸는데 담장 너머로 예쁜 꽃을 보았다면 기분이 좋겠지요. 몇 초에 불과하더라도 기분이 좋을 때 그냥 좋아하는 데서 그치지 말고, '아, 지금 내가 좋아하고 있구나'라고 그 마음을 한번 알아봐주는 것입니다.

그때 숨을 평소보다 크게 들이마셨다거나, 가슴이 좀 펴지고 키가 약간 커진 듯하거나 한 느낌을 섬세하게 알아차리려 노력해보세요.

마찬가지로 기분이 별로일 때도 같은 과정을 거쳐봅니다.

기분 센스등 달기

온도에 따라서 색깔이 달라지는 센스등과 자기 기분이 똑같다고 상상해봅니다. 기분을 그런 등처럼 감지한다면 블루, 옐로, 레드처럼 하루에도 기분의 색깔이 몇 차례나 바뀔 거예요.

기분 센스등의 색깔이 바뀔 때마다 '아, 무슨 색으로 바뀌었구나' 하고 알아차리면서 그때 내 몸에서 미세하게 일어나는 느낌도 자동으로 읽어봅니다. '우울해, 섭섭해, 자존심 상해' 등 여러 감정이 솟구치는 순간에 내 몸이 어떻게 기분이나 감정을 표현하는지 지켜보세요.

그렇게 기분은 단지 몸의 느낌들이구나, 그게 감정으로 발전하는구나, 생각이 거기에 논평을 더하는구나, 하면서 기분에서 생각으로 이어지는 과정을 관찰해봅니다.

×

4장

욕 망
을 잘
다루려면

—

'탐냄'에 대한 마음챙김

당신들의 모든 불행은 당신들 자신으로부터 생긴다.

— **장 자크 루소**Jean Jacques Rousseau

우리가 잘 몰랐던
_____ 마음챙김의 이면

지난 육십 년 남짓 근대의 D. T. 스즈키鈴木大拙 선사부터 현대의 존 카밧진Jon Kabat-Zinn 교수에 이르기까지 서양에 불교 명상을 전해온 교사들이 있습니다. 이들은 그 명성만큼 비판도 받아왔어요. 신자본주의 편에 서서 경쟁 사회에 무작정 복종하게 한다거나 사회 시스템에서 비롯한 문제들에 모호한 태도를 취한다는 지적이었죠. 불교전통수행에서는 인간의 욕망에 대한 경계와 반성이 중요한데, 이를 빼고서 불교 명상을 상업화한 까닭이 크다고 생각합니다.

『마음챙김의 배신』을 쓴 로널드 퍼서Ronald Purser는 마음챙김 명상이 '자본주의 영성'이 되었다고 날 선 비판을 합니다. 그는 '맥마인드풀니스McMindfulness'라는 신조어까지 만들었어요. '마인드풀니스Mindfulness'가 패스트푸드처럼 일단 맛있지만 정신 건강에는 별로 도움이 되지 않는다는 뜻이 씁쓸하게 담겨 있죠.

명상이 유행하는 이면의 이런 찜찜함이 제게도 있었습니다. 마음챙김을 곁에 두면 스트레스가 큰 번뇌로 발전하지는 않아요. 또 호기심을 가지고 깨어 있는 마음으로 현재를 살아갈 수 있습니다. 이는 매우 훌륭한 가치이지만, 마음챙김을 그것으로만 알면 좀 섬뜩해요.

우리를 둘러싼 고통은 아주 광범위하고 그 뿌리가 깊습니다. 사회적·문화적 관념에서 비롯한 고통은 물론이고 시대를 불문하는 인간 본연의 고통 등이 깨어 있는 마음으로 현재에 집중하여 살아간다고 해서 해결될까요? 고통의 크기만큼 아주 많이 숙고해야 합니다.

커다란 번뇌는 마음챙김과 함께 바른 방향의 노력(정진正進)과 바른 앎의 지혜(정지正知)가 어우러져야 옅어질 수 있어요.

초기 불교 경전 『상윳따니까야(Saṁyutta Nikāya)』의 「마니밧다경Manibhadda」(SI 208)을 보면 붓다와의 대화가 이렇게 기록되어 있습니다.

"마음챙김 한 자는 항상 축복 속에 있어서 행복하게 살며, 하루하루 더 좋은 날을 보내며, 나쁜 의도에서 자유로워진다."

마니밧다가 그렇게 이야기하자 붓다는 처음 세 구는 반복했지만 네 번째 구를 이렇게 바로잡습니다.

"하지만 나쁜 의도로부터 자유로워지지는 않는다."

나쁜 의도에서 자유로워져야 마음이 '언제나' 편안할 수 있습니다. 잠깐 마음이 편해지는 게 아니고 늘 편안하려면 어떻게 해야 할까요?

그러려면 마음의 독소를 살펴봐야 합니다.

마음은 원래
_____ 깨끗한 거울

마음은 본래 고요한 숲속의 맑은 연못처럼 '고요히 빛나는' 성질이 있습니다. 붓다는 맑은 연못 같은 본래의 마음은 무엇이든 있는 그대로 비춘다고 했습니다. 연못이 더러워지면 아름다운 풍경도 침침하게 보이고, 바람이 너무 불면 물결이 일렁여서 한껏 찌그러져 보이겠죠.

마음은 고요하고 맑게 빛나야 정상입니다. 마음이 괴롭고 무겁고 어둡다면 지금 오염이 일어났다는 뜻이에요. 그래서 마음을 공부하는 사람들의 영원한 숙제는 '마음의 오염을 없애가기'입니다.

대승불교의 심리학이라고 할 수 있는 유식사상唯識思想에서는 계속 수행해나가면 잠재의식(아뢰야식阿賴耶識)이 닦아지면서 마음이 크고 둥근 거울(대원경지大圓鏡智)로 전환된다고 표현합니다.

실제로 마음을 관찰해보니까 "고요히 빛나는 맑은 연못"이나 "맑게 빛나는 거울" 같은 말이 단순히 예쁜 비유가 아니었습니다. 굉장히 사실적인 표현이라는 걸 알았습니다. 그렇지만 이는 누군가에게는 믿어야 하는 이야기일 수 있어요.

충분히 알지 못하는데 이해하고 싶을 때 우리는 믿어야 하니까요. 알면 더는 믿을 필요가 없습니다. 마음은 원래 청정하다, 이는 누군가에게는 이미 아는 이야기일 수 있고, 또 다른 누군가에게는 머리로는 아는데 체험하지 못해서 아직은 '믿기'와 '알기' 사이에 어딘가 놓인 이야기일 수 있겠지요.

기억해야 할 사실은 마음의 오염을 제거해가면 마음의 고통이 줄어든다는 단순한 진리입니다. 이미 안다면 다시금 기억하면 좋겠습니다.

본래의 깨끗한 마음으로 돌아가려면 단지 앉아서 호흡 명상을 하루에 한 시간씩 하는 것으로 충분하지 않습니다. 마음을 오염시키는 자신의 습관을 일상 가운데에서 숙고하는 작업이 꼭 따라야 합니다.

'언제라도 마음을 텅 비우고 평화롭게 머물 수 있다. 그게 전부이다'라는 식의 가르침에 빠져 있다면 그렇게 단순해짐으로써 좋은 기분, 즐거운 기분으로 지내겠지만 마음이 성장하는 데는 한계가 있어요.

마음을 계속 관찰하면 마음이 얼마나 쉽게 오염되는지, 마음을 오염시키는 습관이 얼마나 강력하게 작동하는지 발견할 거예요. 눈을 밝게 해서 마음챙김 하려고 애쓰지 않으면 마음이 쉽게 얼룩덜룩 물들어버려요.

척추가 틀어졌는데 무턱대고 스쿼트를 매일 삼십 분씩 한다고 해서 척추가 바르게 될까요? 조금 틀어진 사람은 그리될 수 있지만, 틀어진 정도가 심하면 교정을 먼저 받아야 해요. 마음의 척추도 마찬가지입니다. 먼저 마음이 어디에서 틀어졌고 마음 습관이 어떠한지를 정확히 살펴야 치료할 수 있어요.

송나라 고승 도언道彦이 쓴 『전등록傳燈錄』에 "개는 날아오는 흙덩이를 쫓지만, 사자는 그 흙을 던지는 사람을 쫓는다"라는 대목이 나오는데요. 내 마음의 척추가 어디서 틀어졌는지 번뇌의 뿌리가 되는, 흙을 던지는 사람을 한번 쫓아보겠습니다.

마음의 독소에 대한
_____ 고찰

붓다는 마음의 오염원을 셋으로 분류했는데 바로 탐냄, 성냄, 어리석음(삼독심三毒心)입니다. 그중에서 어리석음은 훨씬 근원적이고 복합적이에요. 이 책에서는 탐냄과 성냄으로 단순화해서 살펴볼 겁니다. 여력이 남아서 어리석음에 대해서까지 파고들면 또 많은 지혜를 얻을 수 있을 거예요.

잠깐 논지에서 벗어나는 이야기인데, 마음을 오염하는 요소를 이렇게 세 가지로 구분한 게 별것 아닌 듯 느껴질 텐데요. 실제로 수행해가면 이 단순한 구분이 얼마나 유용한지 아주 많이 놀라게 될 겁니다.

붓다를 비롯한 성인들은 말을 절대로 어렵게 하지 않았어요.

귀한 가르침을 듣는 귀가 있으면 누구라도 알아듣도록 아주 쉽고 단순하게 개념화해서 이야기했습니다(다만 쉽고 단순하지만 너무도 깊이 있는 내용이라 계속 숙고해야 하고 그렇게 숙고한 만큼, 자기 마음 그릇을 키운 만큼 담을 수 있어요).

마음 작용이 얼마나 복잡한가요? 마음이 괴로운 이유를 학문적으로 정리하려 했다면 아마 방대한 이론을 만들어야 했을 테지요. 게다가 아무리 훌륭한 학자라도 지적 능력을 뽐내는 일을 피해 가기 어려웠을 겁니다. 그랬다면 이 처방전이 많은 사람에게 다가가지는 못했을 거예요.

붓다를 비롯한 성인은 모든 사람이 진리에 눈뜨게 하려는 하나의 목표를 가집니다. 그것이 가장 선한 의도임을 알고 있기 때문이에요. '에고'가 없기 때문에 오직 마음을 치료한다는 관점에서 누구나 기억해서 외워 쓸 수 있도록 쉽고 단순하게 그 원리를 만들어놓았습니다. 마음의 오염원인 탐냄, 성냄, 어리석음도 이렇게 탄생한 겁니다.

아무튼 여기서는 괴로움을 일으키는 마음의 독소 중 이해하기 쉬운 두 가지를 살펴봅니다.

하나는 '탐냄', 하나는 '성냄'입니다.

'지금 마음이 괴로워. 왜 괴롭지? 나도 내 마음을 잘 모르겠어'라고 할 때 탐냄과 성냄이라는 두 가지 오염원을 떠올리고, 무엇이 나를 괴롭히는지를 알아보세요. 이 둘은 서로 관련이 있어요. 하나가 또 다른 하나의 조건으로 작용합니다. 자기 안에서 탐냄과 성냄을 조사하다 보면 비틀린 과거 기억도, 조금 전에 일어난 일에 대한 기억도 천천히 바르게 되어갈 겁니다. 이제 하나씩 살펴볼게요.

마음의 움직임은
_____ 깃털 같아서

첫인상으로 제가 자주 듣는 말은 '차분해 보인다'입니다.

'차분하다'를 사전에서 찾아보면 "마음이 가라앉아 조용하다"라고 뜻풀이해요. 유전자 덕분에 차분해 보이는 인상을 가지고 있지만, '과연 실제로 내 마음이 가라앉아서 조용한 편인가?'라고 자문하면 고개를 갸웃거릴 수밖에 없어요. 명상과 요가로 예전보다 조금 나아진 정도죠.

오래전에 명상에 집중했을 때 B 스님에게 이렇게 이야기한 적이 있어요.

"명상을 끝내고 일하러 가면 너무 처지는 기분이 들어요. 우울한 건지……."

"들뜬 마음이 가라앉아서 그렇습니다."

내 마음이 들떠 있었다고? 차분한 내가? 이해할 수 없었지요. 마음이 들뜬다고 하면 흥분하거나 제정신이 아닌 상태를 떠올렸던 거든요. 그래서 이렇게 덧붙였습니다.

"사람들 사이에 있으면 좀 우울한 기분이 들거든요(제가 뭔가 명상을 잘못 하는 것 같다니까요!)."

"다른 사람들이 너무 들떠 있어서 그렇습니다. 그 사람들의 거친 마음을 느끼는 겁니다."

차분해 보이는 나도 실은 거의 들뜬 마음으로 생활하며, 그 들뜬 마음이 실제로 가라앉아 정말로 차분해졌을 때는 스스로 그런 자신을 많이 낯설어한다. 그리고 그런 상태에서는 다른 사람들의 들뜬(평소의 내 마음 상태와 같은) 마음이 매우 거칠게 다가온다. 나를 포함한 사람들은 거의 들뜬 마음으로, 거친 마음으로 서로를 대하며 살아간다. 이렇게 이해하고 나니까 더 물을 말이 없더군요.

단지 우리는 얼마나 들떠 있는가, 서로 얼마나 거친 마음으로 대하고 있는가 놀라울 뿐이었습니다.

명상을 꾸준히 해보면 실제로 마음이 들뜨는 상태를 알게 됩니다. 통상적으로 들떠 있는 것과는 다른 '미세하게 들뜨는 작용'이 감지돼요. 마치 창가에 깃털을 놔둔 것과 같습니다. 바람이 자는 순간에도 깃털은 미세하게 움직이잖아요. 아주 작은 공기의 흐름에도 깃털은 영향을 받습니다.

아, 마음은 정말로 섬세하게 작용하는구나.

새삼 놀라면서도 어렵다는 생각이 강하게 들었습니다.

거의 모든 순간에 마음이 들뜨는구나, 이것을 관찰하고 좀 놀랐어요.

무엇보다 탐냄이 일어나면 마음의 깃털이 눈에 띄게 움직입니다. 미래, 관계, 일, 자기 자신 등 탐하는 무언가가 떠오를 때마다 마음은 들떠서 돌아다녀요.

탐냄은 어감 때문에 무언가 거창한 것을 바라는 마음 같은데 그렇지 않고요, 우리가 하는 행위 하나하나마다 개입되는 너무도 미세한 작용이었습니다.

먼저 탐냄의 특징부터 간단하게 정리해두고, 다음으로 넘어갈게요.

○ 탐냄은 좋은 느낌을 바탕으로 일어난다.

○ 탐냄은 좋은 느낌을 붙잡고자 하는 마음 작용의 총칭이다.

○ 탐냄은 잘 달궈진 불판의 고기처럼 들러붙는 성질이 있다.

○ 탐냄은 마음을 얼룩덜룩하게 어지럽힌다.

○ 단순하게는 '더, 더', '기대하는 마음', '통제하려는 마음'
으로 이해해도 된다.

○ 탐냄에 실패했을 때 화를 불러온다(화의 뿌리가 된다).

불판에 들러붙는
_____고기

"웃는 모습이 예쁘세요."

만약 누군가에게 이런 칭찬을 받으면 어떤가요?

기분이 좋고, 괜히 더 웃습니다. 다음 칭찬을 기대하는 마음이 거의 자동으로 들러붙어 따라옵니다. 이렇게 '달궈진 불판에 척척 들러붙는 고기' 같은 마음을 '탐냄'이라고 표현합니다. 탐냄은 좋은 느낌이 일어나서 그것을 붙잡으려는 크고 작은 마음의 움직임을 통칭합니다. 즉 좋은 느낌에서 비롯하여 그것에 집착하는 마음의 최소 단위가 탐냄입니다.

우리는 좋은 느낌을 원해요. 좋은 느낌이 일어나면 거머쥐려 합니다. 좋은 느낌 자체는 아무런 해가 되지 않지만, 그것을 맛보면 또 느끼려고 붙잡는 마음 작용도 함께 일어납니다. 그 미세한 작용이 탐냄이고, 우리 마음을 대표적으로 많이 오염시킵니다.

탐냄은 모든 사람의 마음에 아주 뿌리 깊게 박힌 습성입니다. 사람에게도 탐냄이 붙고, 일이나 공부에도 탐냄이 붙습니다. 길들이지 않은 마음에는 좋은 느낌이 일어날 때마다 자동으로 탐냄이 붙습니다.

탐냄이 왜 마음의 독소로 작용하는가 하면 이롭지 않은 생각과 감정을 계속 불러일으키기 때문입니다. 무엇보다 성냄의 원인이 되기 때문에 중요해요. 좋은 느낌을 받지 못했을 때, 더 좋은 느낌이 일어나지 않았을 때 자동으로 그것을 싫어하는 마음 작용인 성냄이 미세하게 일어나요. 그래서 탐냄과 성냄은 하나의 뿌리를 가진 양면의 존재예요.

우리는 '와, 좋다!' 하는 느낌을 좋아하며 그런 느낌을 더 얻으려 마음을 내느라 스스로 괴로움의 씨앗을 심고 있음을 알지 못해요. 좋아하니까 이 좋은 느낌을 쥐려 하는 게 당연하다고 생각하면서 더 쥐려 하는 사이에 도둑처럼 같이 따라오는 성냄을 미처 보지 못해요.

보통 좋다는 느낌은 감각적인 쾌락을 충족할 때 따라옵니다.

감각적인 쾌락을 주는 것들에는 탐냄이 다 따라붙습니다. 식욕, 성욕, 수면욕뿐만 아니라 즐거운 기분, 뿌듯한 기분까지 전부 포괄하죠.

아, 맛있다. 더 먹고 싶어.

아, (칭찬을 들어서) 기분 좋다. 또 듣고 싶어.

아, (내 말을 잘 들으니) 안심된다. 계속 그렇게 (내 말대로) 해야 해.

아, (주식이 올라서) 짜릿하다. 더 올라야 할 텐데.

이처럼 좋은 느낌이 들면 그에 이어서 더 좋은 느낌이 일어나기를, 최소한 같은 수준으로 유지되기를, 더 자주 느끼게 되기를 바라는 마음이 자동으로 생겨납니다. 이것이 탐냄인데, 이를 더 느낄 수 없거나 전만 못하거나 하면 곧바로 실망하지요. 성냄이 일어나는 겁니다.

좋은 기분을 단지 좋아하고 말았다면 실망할 일이 없는데 기대한 만큼, 혹은 그 이상을 느끼려고 하다가 결국에는 좋지 못한 감정까지 끌어안고 맙니다.

플라톤Plato도 이와 비슷한 통찰을 했습니다. 플라톤은 쾌락과 고통을 "두 개의 몸에 머리가 하나 달린 괴물" 같다고 표현했어요.

쾌락이란 참 이상야릇한 거야. 고통은 쾌락의 반대인데 그 관계가 참 묘하단 말이야. 이 두 가지 것이 동시에 한 사람에게 일어나는 법은 없으면서도 그중 하나를 추구하면 대체로 반드시 다른 하나도 얻게 되는군.

- 플라톤의 『파이돈』 중에서

제 마음에서 일어나는 탐냄을 관찰해보니까 감각적인 쾌락에 따라오는 탐냄은 당연하고, 아주 사소한 일이라도 제 머릿속에 이렇게 저렇게 되어야 한다는 그림이 뚜렷하게 있을 때 그걸 붙잡고 놓지 않으려는 탐냄이 자주 나타났습니다. 당연히 탐냄이 강하게 일어나면 마음이 어수선해졌고요.

상황을 내 뜻대로, 내 예상대로, 내 기대대로, 내 바람대로 통제하면 기뻤는데 이때 계속 그렇게 되어야 한다, 이것이 맞다 하면서 탐냄이 강해졌습니다.

사실 탐냄의 양상은 너무나 다양해서 별도의 책을 써야 할 지경이에요. 그렇지만 공통된 특징만 다시 줄여서 말하면 좋은 느낌이 일어났을 때 그것을 붙잡으려 하고, 더 얻으려 하고 또 기대하고, 내 뜻대로 하려 하고, 감각적인 쾌락을 맛보려 하는 등입니다.

처음에는 탐냄을 알아보기가 쉽지 않습니다. 내가 기대하는 것은 정당하기 때문에, 혹은 당연하기 때문에 그것을 탐냄이라고 하면 오히려 기분이 나쁩니다.

게다가 탐냄은 좋은 느낌을 조건으로 일어나기 때문에 그렇게 좋은 이것이 무슨 문제가 되나, 왜 그걸 내려놓으라고 하나, 나는 성인군자가 될 것도 아닌데…… 하면서 일상에서는 막상 이해가 잘되지 않습니다. 나는 그걸 누릴 자격이 있다, 나에게 이익이 있다는 생각에 사로잡혀서 탐냄이 아닌 의욕이나 열의로 해석해버리기도 해요. 이래서 탐냄이 아주 단순해 보이지만 그 마음의 작용을 잘 이해해야 하는 것입니다.

탐냄은 굶주린 짐승처럼
＿＿＿＿＿＿＿ 헐떡이게 한다

우리는 주로 미래를 탐합니다. 사소하게는 마트 계산대에서 내 줄이 빨리 줄기를 탐하죠. 일이 분 후의 미래조차 탐합니다. 이를 시작으로 일이 년 후의 미래부터 십 년, 이십 년 후의 미래까지 탐하는 건 기본이에요.

이렇게 되어야 할 텐데 하고 자꾸 그림을 그리고 또 그리는 순간에 만족감을 맛봅니다. 그렇게 미리 당겨서 즐긴 쾌락 때문에 뒤이어 기분이 나빠지는 걸 경험해요. 대개는 자기 상상과 어긋나버리니까요.

마트 계산대에서 내 줄이 빨리 줄어들기를 기대하다가 실패하면(옆줄이 더 빨리 줄어들면) 혀라도 툭 찹니다. 이 정도야 별것 아니지만, 마음의 습관이 거의 모든 일에 이렇게 굳어 있다면 아주 '웃픕'니다.

이 일은 저렇게 되어야 하고, 이런 피드백을 받아야 하며, 이 정도의 성과가 나야 한다고 계속 머릿속에 그리면서 탐하다가 실망하고 좌절하며 혼자 난리굿을 칩니다.

어떤 일이나 공부보다 언제나 관계가 더 어렵죠. 사람의 반응에 뒤따르는 탐냄은 정말 못 말리게 많이 작용합니다. 부모가 이런 결정을 하기를, 남편이 이런 행동을 하기를, 아이가 이런 말은 잘 들어주기를, 친구가 이렇게 반응하기를, 동료가 이렇게 대처하기를, 상사니까 알아서 이렇게 도와주기를, 후배니까 알아서 이렇게 대접해주기를 탐하고 또 탐합니다.

대체로 내가 기대하는 방향이 옳다고 여기므로 아마 스스로는 탐냄으로 보지도 못할 거예요.

우리는 일이나 관계가 좋아졌으면 하고 바랍니다. 저도 그러하고요. 그런데 바른 방향 자체가 문제라는 이야기는 아닙니다. 자기 지향성은 가지되 그 지향성에 들러붙는 집착을 보라는 거예요.

지향하는 바가 바람직하다고 해서 그 일이, 혹은 그 사람이 꼭 내가 원하는 대로 원하는 때에 원하는 방식으로 되어야 한다고 탐내면 나만 괴로워요. 지향성과 탐냄을 분리할 줄 알아야 마음이 덜 어수선합니다.

그러니까 학생이라면 괴로우니 공부하지 말라고 알아들으면 곤란해요. 그게 아니라 공부를 잘하려는 마음을 놓으라는 겁니다.

공부를 '잘하려는' 마음은 좋은 것 아닌가요?

어쩌면 내 능력보다 잘하려는 탐냄이 작용할지 모릅니다. 그러면 긴장합니다.

'결과가 좋아야 하는데 하고 걱정하는 것'은 일반적이지 않나요?

어쩌면 내 노력보다 결과가 좋아야 한다는 탐냄이 작용하는 중인지 모릅니다. 그러면 걱정합니다.

결과는 내 능력만큼, 내 노력만큼 나오게 되어 있어요. 능력 이상의 결과를 탐하지 말고, 노력 이상의 요행을 탐하지 않으면 마음이 참 편안하고 단순해지는데 우리 마음은 결코 그렇게 작동하지 않아요. 그저 굶주린 짐승처럼 헐떡입니다. 그래서 탐냄을 알아보고 버리는 연습이 필요한 겁니다.

만약 탐냄이 감지될 때마다 내려놓고 공부에 더 집중한다면 얼마나 좋을까요? 탐냄은 공부 자체를 방해할뿐더러 내 마음을 자꾸 무겁게 만듭니다. 보통 마음이 무거울 때는 시험 결과를 탐하고 있어서예요.

일이나 공부나 관계에서 탐냄을 알아보기도 어렵지만, 역시 가장 어려운 건 무엇일까요?

바로 내 이미지에 대한 탐냄입니다. 나를 이렇게 봐야지 저렇게 봐서는 안 되고 나는 이 정도는 되어야 한다는 이미지를 계속 머릿속에 넣어둔 채 절대 놓지 않으려 해요. 그게 강하면 나 자신에게서도 상처받고 남에게서도 상처받습니다. 이는 훨씬 어려운 내용이어서 6장에서 넷째 키워드 '에고'를 다룰 때 다시 이야기하기로 해요.

하여튼 끊임없이 그 일을, 그 사람을, 내 이미지를, 내 미래를 기대하고 통제하려다가 뜻대로 안 되니 베개라도 집어 던지고 싶은 기분이 듭니다. 늘 말이에요!

탐냄을 알아차릴 때마다 거듭 내려놓는 연습을 하세요. 아마 집착이 강한 것에는 백번 하면 백번 모두 실패할 수 있어요. '이걸 내가 왜 내려놓아야 하나, 이걸 내려놓고 더 잘 안 되면 어떡하나.' 온갖 집착하는 마음이 드러날 거예요.

그러나 한두 번쯤 탐냄을 그냥 놓았을 때 홀가분한 마음을 경험하게 되고, 그 홀가분함이 결과에 어떤 영향을 미치는지 스스로 관찰해본다면 탐냄을 내려놓는 횟수가 점점 늘어갈 겁니다. 아, 물론 빨리 그리되는 건 아니에요. 빨리 가려는 것도 대표적인 탐냄이랍니다.

남을 통제하려는 _____ 탐냄

"남편이 제발 담배를 끊었으면 좋겠어요."

윤하 씨는 남편과의 여러 문제 중에 '담배'를 가장 먼저 꼽습니다. 담배를 끊으면 좋다는 사실에는 누구도 반박하기 힘들 거예요. 그러나 남편이 담배를 끊지 않아서 윤하 씨가 괴롭다면 그건 탐냄 때문이라고 말할 수 있는데, 이런 제 이야기에 눈이 휘둥그레질지 모르겠어요.

"제가 문제라고요?"

남편의 의지를 자신이 제어하려는 탐냄이 발동하고 있다는 걸 알아야 해요. 이성적으로 생각해보세요. 잔소리로 담배를 끊게 할 수 있을까요? 지금까지는 왜 실패했을까요?

만약 잔소리로 타인의 습관을 고칠 수 있다면 좋은 방법은 아니지만 시도할 만합니다. 그러나 그 방법으로 고칠 수 없음을 알면서도 계속한다면 잔소리 역시 담배 같은 습관에 불과해요.

남편의 의지를 통제하려는 아내의 탐냄과 담배가 제공하는 쾌락을 놓지 않으려는 남편의 탐냄이 부딪칠 뿐입니다. 이를 내려놓는다면 비록 남편이 담배를 끊지 못하더라도 아내 자신의 마음은 편안해질 거예요.

"아니, 남편이 계속 담배를 피우도록 그냥 놔두라고요? 아이도 있는데?"

현실에서 탐냄을 이해하기가 이렇게 간단치 않습니다. 식구들에게 담배 연기를 내뿜는 피해를 끼치지 않는다면 나머지는 남편의 의지에 맡깁니다. 대신 남편을 위해서 내가 할 수 있는 일을 합니다. 남편의 건강이 그렇게 걱정되면 폐 건강에 좋은 것을 챙겨줍니다. 그렇게 이야기했더니 윤하 씨는 허탈한 웃음을 지었습니다.

잔소리는 수시로 짜증을 동반하니까 한의학적으로 간에 몹시 해로워요. 남의 폐 건강을 염려할 일이 아니라는 뜻입니다. 농담이 아니에요! 이런 경우에는 자기 마음부터 제어하는 방향으로 돌려야 자신도 안정되고 관계도 좋아져요.

그렇게 하면 내 잔소리가 줄어드니 남편도 자유롭고, 남편을 통제하려는 욕망을 내려놓게 되니 나도 좋습니다. 이렇게 될 때 남편이 담배를 끊어도 좋고 끊지 않아도 괜찮은 관계가 됩니다. 그것이 내 마음의 중심을 잡아가는 과정이에요. 상대의 행동(담배를 끊느냐, 끊지 않느냐)에 따라 내 마음이 좌지우지되지 않는다는 뜻입니다.

이때 나는 담배 잔소리를 멈췄는데 남편은 하나도 고마워하지 않고 변함없다는 불만이 생기면 또다시 남편의 변화를 기대하는 탐냄에 걸려서 넘어진 거예요. 상대가 어떻게 해주기를 기대하면서 상대를 내 뜻대로 통제하고 싶은 마음을 내려놓는 일은 이처럼 결코 간단하지 않아요. 아니 간단한데, 탐냄의 싹은 잘라내도 계속 자랍니다. 그 집요함과 생명력(?)이 얼마나 놀라운지요. 그렇기에 웃으면서 탐냄을 잘라야 해요.

이렇게 탐냄에 대해 마음챙김 하는 일이 늘어나면 남편 때문에 내가 괴로운 줄 알았는데 남편을 통제하려는 탐냄 때문에 내가 괴로웠다는 사실을 인지하게 됩니다. 별로 유쾌한 발견은 아니겠지만, 이제 그것을 알았다면 점점 유쾌해질 수 있으니 결과적으로는 유쾌한 일이 아닐까요?

돈에 따라붙는 _____ 탐냄

코로나19 때문에 정부마다 돈을 엄청나게 풀었지요. 미국이 달러를 찍어낸 여파로 다른 모든 나라의 물가가 오르고 부동산 가격도 엄청나게 치솟았어요. 서울 집값이 미쳤다고 했는데, 지난 이 년 동안 세계 주요 도시의 부동산 가격 상승률을 보니까 오히려 평균에 살짝 못 미치더군요. 그야말로 세계가 미쳤던 겁니다.

예전에는 사람들끼리 "어디 가서 정치 이야기, 종교 이야기는 함부로 하지 마라. 좋은 분위기를 다 망친다"가 불문율이었습니다. 요즘에는 부동산 이야기도 여기에 추가됐어요. 부동산은 마강래 작가의 말처럼 "공평한 불행"이 되었습니다.

마음을 공부하는 사람들은 이런 현상을 보고 이게 다 욕심 때문이지, 하고 먼 산을 응시해서는 안 됩니다. 그건 사이비예요. 진짜로 마음공부를 하는 사람들은 어떤 일이 벌어지면 원인과 결과를 분석하는 버릇을 들여야 해요. 붓다가 우리에게 가르친 첫째로 중요한 것이 그것입니다. 어떤 현상이든 그것이 일어난 조건들을 잘 파악하라.

집값 이야기를 왜 했느냐면 최근에 제가 편집한 책들의 주제가 대부분 돈이었습니다. 저는 명상-요가 수업을 하지만, 북에디터로서 책을 편집하는 일도 이어가려고 합니다. 책을 기획할 여력까지는 없어서 편집 의뢰가 들어올 때만 맡고 있습니다.

그런데 저한테 편집을 요청해온 책들이 거의 '돈'을 주제로 다뤘어요. 요즘 사람들의 고민 1순위는 역시 돈이구나 알아봤습니다. 돈이야 언제나 사람들의 주요한 관심거리지만, 경제가 휘청하는 신호가 감지되면 사람들은 돈에 타는 목마름을 느낍니다. 이때의 돈은 실제 돈이기도 하지만 생각 속 돈, 더 정확히 말하면 '돈 걱정'입니다.

돈과 관련된 책을 작업하면서도 '그래서 지금 어디에 투자해야 하지?'라는 질문을 하지 않아요. 왜냐하면 그 답을 이미 알고 있으니까요.

'그건 원고에 나오지 않아.'

그렇게 냉소적인 태도를 견지하는 이유는 이러합니다.

돈이 주제인 콘텐츠들은 지금 당장 무언가를 하지 않으면 안 된다는 경각심, 경제와 금융을 공부해야 한다는 절박감을 불러 일으키는 데에 더 큰 목적이 있지, 진짜 돈으로 맞바꿀 만한 정 보를 담아주지는 않습니다. 어찌 보면 당연한 이야기인데 그런 책을 손에 집어 들 때는 꼭 그런 내용이 있을 것만 같잖아요.

그런 책은 무용하니 읽지 말라는 게 아니라 그런 책으로 손 이 가는 우리의 탐냄을 보라고 말하기 위해서 꺼낸 이야기입니 다. 돈같이 누구나 눈이 빨개질 정도로 원하는 것은 그게 있는 곳으로 접어드는 길목을 잘 안다고 해도 그 정보를 쉬이 공유 해주지 않습니다. 당연한 일이죠. 명예나 타이틀 같은 것도 마 찬가지예요. 그런 따끈따끈한 것은 나만 알 때 가치가 더 생기 기 때문입니다.

그런 책이 공유하고 싶어 하는 건 진짜 돈이 되는 정보가 아 니라 돈을 잘 모르는 무지에서 벗어나길 바라는 마음이나 돈을 대하는 태도같이 고상한 것들이에요. 그런 것도 물론 필요하지 만, 그 고상한 가치들은 실제 돈으로 맞바꿀 수 없습니다. 돈이 될 인맥을 쌓게 해주지도 않아요.

오, 너무 잔인하게 이야기했나요?

돈은 나만 알 때 이익이 됩니다. 그런데 마음공부만은 거의 유일하게 공유할수록, 사람들로 북적일수록 서로 이익이 됩니다. 돈, 명예, 타이틀, 성적, 성과처럼 우리가 그토록 갈구하는 그것들은 솔직히 다 제로섬 게임이 아닌가요?

왜냐하면 그것들은 다 상대평가로 드러나기 때문입니다. 사회가 풍요로워져도 상대적인 빈곤을 느낄 수밖에 없는 구조예요. 누군가가 일등을 하면 다른 사람들은 반드시 그 아래를 떠받쳐야 합니다.

혹시 영화 〈기생충〉 포스터의 카피를 기억하십니까?

"행복은 나눌수록 커지잖아요."

그런가요?

행복은 그래요. 그런데 돈은 아닙니다.

마치 돈의 반대가 행복인 것처럼, 돈과 마음공부는 공존할 수 없는 것처럼 대비하는 전개가 거슬릴지도 모르겠어요. 이는 저의 소심한 의도입니다. 일부러 대비시켜 이야기하고 싶었어요. 돈 공부에 빠져 있는 에너지를 마음공부로 돌린다면 몇 년 후 어떤 차이가 날까? 최근에 그런 생각을 많이 했거든요.

돈에 극심한 갈증을 느끼는 시기를 다 같이 지나오면서, '이 불행은 돈 때문이야', '행복하려면 역시 돈이 있어야 해'라고 불행의 원인과 결과를 쉽게 규정하면서 돈에 더욱 집착하는 사람을 많이 보고 있습니다. 돈을 상상하며 탐내느라 어수선한 마음까지 끌어안지 말아요, 우리.

마음공부를 한다고 해서 돈 공부를 하면 안 된다는 이야기가 아니에요. 마음공부와 돈 공부가 서로 대척점에 있는 것도 물론 아니에요. 단지 무엇이 선이고 후인지를 알았으면 좋겠습니다.

돈 앞에서
_____마음이 덜 다치려면

　재미있게도 마음공부를 꾸준히 하는 사람들은 크게 두 부류입니다.

　한 부류는 원래 정신세계에 관심이 많은 사람들입니다. 심리적으로 예민하고, 눈에 보이지 않는 세계에 호기심도 많으며, 철학적인 질문을 던지기를 좋아하고…… 이런 사람들은 시간이 지나면서 이상해 보이는 수행에 빠지기도 하고 신비체험을 좇는 등 영적인 방황을 하다가 결국 내 마음을 공부하는 것부터였구나, 알아보고 돌아와서 그것을 지속합니다.

　또 한 부류는 이런 것에 전혀 관심 없이 살아온 굉장히 현실적인 사람들입니다. 그들은 자기 욕망에 많이 데어서 '아, 궁극적으로는 마음을 관리해야 하는구나', '명상 비슷한 것을 해야 되는 거였어'라고 몸소 발견하지요. 그들 중에는 돈 공부에 열심인 사람이 많아요.

돈처럼 탐냄이 달라붙기 쉬운 대상이 또 있을까요?

돈에 붙어 있는 탐냄이 얼마나 무서운지, 그 집착이 얼마나 내면을 파괴하는지는 돈 공부에 열심인 사람들이 누구보다 잘 알고 있습니다. 그 번뇌 덕분에 정신세계에 관심을 가지게 되었으니 이때는 돈이 마음공부 선생이 된 셈이라고 할까요?

하여튼 이런 부류는 원래 정신세계에 관심 있던 이들과 전혀 다른 이유에서 마음공부를 시작하지만 지속한다는 면에서는 같습니다.

잘 생각해보세요. 돈과 행·불행에는 네 가지 경우가 있습니다. 돈 없고 행복하다, 돈 있고 행복하다, 돈 없고 불행하다, 돈 있고 불행하다.

그중에서 최악은 '돈 없고 불행하다'일 것이고, 최선은 '돈 있고 행복하다'일 것입니다.

마음공부를 하면 돈 없고 행복한 마음 상태를 연습합니다. 이 연습은 행복할 확률을 높여줍니다. 돈이 없는데도 행복하면 돈이 있는데 행복하지 않을 이유가 없으니까요. 즉 돈이 있고 없는 조건에 영향을 받지 않습니다.

반면에 돈 공부는 '돈 있고 행복하다'에만 너무 꽂혀 있습니다. 그렇다 보니 강박적으로 '돈이 없으면 불행하다'를 세뇌하고 맙니다. 즉 돈이라는 변수에 내 행복이 좌우되며 앞으로도 그럴 것이라고 마음에 못을 쾅쾅 박아놓아요.

그래야 더욱 절박해져서 돈을 향한 동기부여가 될 것이라는 착각을 하기 때문입니다. 비슷한 이유에서 돈 때문에 서러웠던 기억을 왜곡하여 훨씬 과장되게 저장해두고 수시로 꺼내봅니다. 돈에 관한 바른 기억이 생성되지 못합니다.

그러면 부자가 되더라도 마음의 병을 가진 상태로 부자가 됩니다. 그 병은 부자가 되어서도 고쳐지지 않습니다. 예전의 자신을 아프게 기억하는 일은 돈으로 고칠 수 없으니까요. 고상하게 정리된 말과 생각 말고, 실제 속마음이 어떠한지는 자신만이 잘 알겠지요.

부를 쌓는 일은 외적 조건에 영향을 많이 받습니다. 그 말은 내적 조건, 즉 나의 물리적인 노력과 마음 관리만으로 내가 원하는 만큼의 결과를 보장받지 못한다는 뜻이에요. 게다가 부의 획득에는 제로섬 게임이라는 규칙도 있습니다. 실패 확률이 높고 불안도가 몹시 증가할 수밖에 없는, 전제부터 불안정한 토

대 위에 있음을 알아야 합니다.

그래서 마음이 불안하지 않게 다잡으면서 계속 탐냄을 유지하는 연습을 할 것이 아니라 탐냄을 내려놓는 연습, 즉 마음의 행복을 먼저 터득해야 합니다. 아니면 최소한 마음공부를 함께 해가며 돈을 다뤄야 해요.

저는 주식 투자를 하지 않습니다. 주식이 좋지 않은 투자여서가 아닙니다. 제가 주식 투자를 하지 않는 이유는 제 정신에 대한 자신감이 부족하기 때문이에요.

주가가 내려가면 애를 끓이고, 올라가면 자꾸 들여다보고 싶어 하고, 주식을 팔까 말까 살까 말까 하면서 온통 신경이 거기에 쏠려 있을 위인이라 유추되더군요. 제 마음을 자꾸 관찰하다 보니 집착하는 성향이 정말로 장난이 아니더라고요.

주식 투자를 시작하는 사람들은 얼마만큼 마음의 준비가 되어 있을까요?

그 마음의 준비란 '신중하게 잘 투자해야지'나 '반찬 값만 벌거야' 같은 다짐을 말하는 건 아니에요. 그런 다짐은 준비 없이도 할 수 있으니까요. 내 마음이 무슨 일에 어떻게 요동치는지, 그런 요동을 지금까지 어떻게 다스려왔는지, 이제 어떻게 다스릴 셈인지…… 자기 마음에 대해서 조금이라도 알고서 시작하는지를 묻는 것입니다. 만약 조금은 알고 있다면, 또 알아가고 있다면 당장의 결과가 어떠하든 좋은 도전이라고 생각합니다.

이런 점을 이야기하기 위해서 돈과 명상이라는, 서로 어울리지 않는 주제를 애써 연결해봤어요.

이상, 고상한 마음공부 책에는 잘 안 나오는 돈 이야기였습니다!

욕심인지 아닌지
_____ 구분하는 방법

"제가 욕심을 부린 건지……."

명상을 구급약처럼 찾는 사람들은 '욕심'을 부린 것 같다며 옵니다.

그런데 돈을 많이 벌고 싶고, 예뻐지고 싶고, 건강해지고 싶고, 공부를 잘하고 싶은 게 욕심일까요? 일상에서 흔히 쓰는 말이 욕심이고, 탐냄의 영역에 포함되니까 한번 살펴볼게요.

아마 이런 의문이 들 겁니다. 왜 마음에 관해서 이야기하는 사람들은 전부 욕심을 내려놓으라고 할까? 내가 바라는 겨우 이 정도가 어떻게 욕심인가? 나보다 욕심이 훨씬 많은 사람도 잘만 사는데 나한테는 왜 욕심이 문제라고 하나?

마음공부를 하는 사람은 기존 관념들에 의문부호를 붙여보면 좋습니다. 익숙한 고정관념으로 우리 마음은 이미 많이 왜곡되어 있어서 그래요. 실제 그 뜻이 무엇인가를 탐구하는 버릇은 아주 좋아요.

욕심은 무엇일까요?

자, 1억 원을 모으려는 사람은 욕심이 적고, 10억 원을 모으려는 사람은 욕심이 많은가요?

혼자 살면 욕심이 적고, 결혼해서 셋째 아이까지 낳고 싶어 하면 욕심이 많은가요?

회사에만 다니면 욕심이 적고, 회사에 다니면서 학교까지 다니면 욕심이 많은가요?

욕심의 기준은 도대체 무엇일까요? 자기 기준에 따라 다 제각각일까요? 혹시 이것에 대해서 생각해보신 적 있나요?

매출을 올려야지, 자격증을 따야지, 차를 사야지, 결혼해야지, 아이를 몇 명 낳아야지…… 그 자체로 보면 욕심이 아니에요. 자신이 원하는 것을 향해서 바르게 노력하는 일은 욕심이 아닙니다. 욕심의 기준은 지금 내 형편이 어떠한지에 달려 있지도, 또 목표가 얼마나 높으냐에 달려 있지도 않아요. 욕심이 많네 어쩌네를 논하는 남들의 시선에 있지도 않고요.

무슨 일을 시작할 때 이게 욕심인지 아닌지 알아보기는 무척 어렵습니다. 아니, 거의 욕심으로 시작하면서 합리화하는 일이 많아요. 그렇더라도 무엇이든 시작해볼 자유는 우리 모두에게 있지요.

대신에 그 일을 진행해가면서 내가 욕심을 부리고 있는지 자가 점검을 해보는 기준은 있습니다.

욕심이 앞서면 자꾸 괴로움이 올라옵니다. 마음이 괴롭다면 욕심을 부리고 있는 거예요. 아주 간단합니다. 반듯한 마음은 괴롭지 않다고 계속 이야기하고 있지요? 이는 "마음이 비뚤어진 사람들만이 불행하다"라는 표도르 도스토옙스키Fyodor Dostoevsky의 말과도 같습니다.

마음의 척추가 탐내는 방향으로 틀어지면 당장 괴롭거나 앞으로 괴로움에 처할 확률이 높아져요. 바르지 못한 자세를 지속하면 언젠가 척추에 이상이 생기듯 인과관계가 정확한 이야기입니다.

앞에서 목표를 향해서 바르게 노력하는 자체는 욕심이 아니라고 했어요. 그런데 내 조건이 옆 사람과 다른데도 비교하면서 '내가 겨우 이 정도밖에 안 되었나, 진작 관뒀어야 하나, 나는 왜 결과가 빨리 안 나오나, 역시 내 조건은 너무 좋지 않아'

같은 생각이 자꾸 치민다면 내가 원하는 것을 향해서 바르게 노력하고 있다기보다는 마음이 탐냄 쪽으로 기울고 있다는 뜻입니다.

붓다가 발견한 진리는 "모든 것은 조건에 따라 형성되고, 조건에 따라 사라진다"입니다. 쉽게 이야기하면 무슨 일이든 이루어질 만한 내적·외적 조건이 맞춰졌을 때 일어난다는 뜻입니다. 어떤 일이 일어나지 않게 해달라고 기도해도 그 일이 일어날 조건이 맞춰지면 일어나고, 어떤 일이 계속 유지되도록 해달라고 기도해도 그 조건이 달라지면 이미 일어난 일도 사라지죠.

저는 이렇게 바라보는 관점을 '과학 하는 마음으로 보기'라고 표현하고 싶어요. '내가 바라는 대로 보기'가 '기복하는 마음'이라면 그것의 반대입니다.

지금의 결과를 놓고서 다른 사람들의 결과와 비교하면서 괴로워한다면 탐냄이 작용하는 겁니다. 재무제표를 분석하듯 자신의 내적·외적 조건을 살펴야 바르게 알고 마음이 다치지 않아요.

심하게 좌절했다, 내가 자격이 없는 것 같아 오열했다, 내 전부가 사라졌다…… 이런 마음이 들 때는 숙고해야 합니다.

'아, 그 일에 내 탐냄이 엄청나게 작용하고 있었구나.'

바르게 노력하는 중이라면 결과가 아쉽더라도 크게 좌절하지 않습니다. 물론 감정적으로는 많이 아쉽지만 '방법을 점검해서 다시 시도하자. 무엇을 보완하지? 어차피 계속할 거니까', 아니면 '아, 그동안 열심히 했으니까 이만하면 충분해. 그만하자' 이렇게 마음이 단순하게 작동하지, 자신이 완전히 무너진 것 같은 기분에 휩싸이지 않아요.

최근 일, 혹은 지나간 일을 한번 숙고해보세요. 심하게 절망한 시간이 있었다면 어떤 욕심이 끼어들었는지 말이에요.

탐할수록
_____화가 많아진다

탐냄이 많으면 화내기 쉽습니다. 화를 잘 내는 사람은 탐하는 마음이 많습니다. 절대로 '화가 많은데 탐냄이 적다' 혹은 '화가 적은데 탐냄이 많다'는 성립하지 않아요. 앞에서 이야기했듯이 탐냄과 성냄은 자석의 N극과 S극처럼 언제나 함께 존재합니다. 분리에 분리를 하더라도 새로운 N극과 S극이 생길 뿐이죠.

왜 탐냄이 많으면 화가 많을까요? 탐냄은 그 성질상 다 충족되기란 불가능하기 때문이에요. 바라는 바대로 되지 못할 때 탐냄은 바로 성냄으로 전환됩니다.

그 사람이 내 말을 좀 들었으면.

회사가 잘못을 순순히 인정해줬으면.

내가 좀 잘났으면.

부모님이 잔소리를 그만했으면.

아이가 공부를 알아서 좀 했으면.

성적이, 성과가, 매출이 제발 올랐으면.

동료가 말을 좀 곱게 해줬으면.

이런 마음이 가득하면 나는 화가 많을 수밖에 없어요. 그 화를 속으로 내든 겉으로 내든, 그 형태가 분노든 신경질이든 우울이든 다 화입니다. 기대한 일이 내 기대만큼 이루어질 확률이 높지 않다면 나는 화낼 확률이 높은 삶을 살아갑니다.

우리는 대부분 그럴 확률이 낮다는 사실을 알면서도 탐내는 마음을 놓지 못합니다. 이게 중요해요. 마치 그렇게 탐내는 마음을 쥐고 있으면 그럴 확률이 높아지기라도 할 것처럼 믿으며 말이죠.

저도 오랫동안 상대의 마음, 회사의 입장, 시대의 문화에 잘못된 게 많아서 계속 화가 난다고 생각하며 살았어요. 그런데 상대의 마음도, 회사의 입장도, 시대의 문화도 내가 지금 화를 낸다고 바꿀 수는 없다는 사실을 알았는데 그래도 화가 계속 나더라고요.

그렇다면 화는 내 안에서 일어나는 겁니다. 상대가 고치기를, 회사가 알아주기를, 문화가 바뀌기를 기대하는 탐냄 때문에 성냄이 일어나는 거였어요. 그처럼 자꾸 탐내면 나 자신에게 좋지 않아요. 당장은 겉으로 티가 나지 않아서 아무런 영향이 없을 것 같지만 화의 씨앗을 흩뿌리는 것과 같아요.

상대는 내가 기대한 대로 내 기대만큼 움직여주지 않을 거예요. 내가 상상하는 미래도 내가 기대한 대로 내 기대만큼 펼쳐지지 않을 거예요. 이를 냉소주의나 나약한 정신으로 몰아세운다면 마음의 원리를 몰라도 너무 모르는 겁니다.

상대의 마음은 상대의 것이에요. 그리고 미래는 내 의지 하나만으로 통제되지 않아요. 나를 둘러싼 환경적·관계적 변수가 실시간으로 변화하며 개입합니다.

상대가 이런 점만큼은 이제 좀 개선해주기를 어설프게 기대하면서 행동하면 계속 실패하게 되고 자꾸 화가 날 겁니다. 내가 기대한 대로 일이 펼쳐지기를 바라면서 행동하면 마음을 너무 졸여야 하고, 잇따른 실망감으로 예기치 못한 변화에 유연하게 대처하기 어려울 거예요. 이치상 너무나 자연스러운 일이죠.

이런 원리를 알면 남 탓과 상황 탓을 덜합니다. 탐냄과 성냄, 이 둘의 상관관계를 이해하면 내가 내 괴로움도, 내 행복도 만들고 있음을 계속 확인하게 돼요.

저는 탐냄과 성냄에 따라 내 마음을 환하게도 어둡게도 만들 수 있다는 원리를 의심하지 않아요. 그런데도 탐내고 성내는 이 굴레에서 쉽게 벗어나지 못할 뿐이죠. 때로는 좀 달콤해서, 때로는 귀찮아서 탐냄과 성냄의 끈끈한 결탁에 몸을 맡깁니다. 그나마 수행을 하면서 탐냄과 성냄이 연결되는 틈바구니에 빠져 있다는 걸 알았을 때 거기에서 빠져나오는 시간은 짧아졌어요.

당나라 선승 의현은 "구하는 마음이 없는 평온한 경지"를 '무사無事'라고 했습니다. 그의 스승인 희운希運의 『전심법요傳心法要』에도 "오직 구하지 않고, 조금도 집착하지 않는 법을 배워야 한다"라고 나옵니다.

탐냄은 알아차릴 때마다 바로 버리는 게 좋고 탐내지 않는, 구하는 마음이 없는 무사심을 연습하는 길밖에 없어요.

'하!' 하고 탐탁지 않아하는 마음(성냄)이 들지도 모르겠네요!

그것은 기도가
_____ 아닙니다

"기도할 때 들어야 하는데, 자꾸 내 이야기를 하고 말아요."

명상 수업에 온 가톨릭 신자분이 이렇게 말하더군요. 하느님의 소리를 들으려면 마음을 충분히 가라앉혀야 할 겁니다. 나 자신을 계속 내려놓아야 할 거예요. 그런데 우리는 눈을 감고 손을 모으면 일단 듣지 않습니다. 어떤 종교든 어떤 신에게든 상관없이 내 바람을 자꾸만 이야기합니다.

"아이가 너무 힘들어합니다. 이번에는 제발 시험에 붙게 해주세요."

"가게 상황이 너무 안 좋습니다. 장사가 조금만 잘되게 해주세요."

때로는 신의 말씀을 듣는 척하면서 나의 바람을 이야기하기도 합니다.

"이 사람을 계속 만나야 할까요? 제가 어떻게 하면 좋을까요? 답을 제발 알려주세요."

자신이 원하는 것을 반드시 이루게 해달라는, 자기 문제에 대한 답을 알려달라는 마음은 '기도'가 아니라 '기복'입니다. 우리 범부 중생(지혜가 얕은 보통 사람들)에게는 이렇게 기복하는 마음이 무척 자연스럽죠. 하지만 그 마음을 품는 자체가 내 마음에 '묘하게' 나쁘게 작용한다는 사실을 아시나요?

묘하다는 것은 기복의 마음에 쾌락의 요소가 함께 들어 있기 때문에 해로운지, 유익한지가 스스로 헷갈린다는 말이에요. 빌고 나면 불안했던 마음이 살짝 안정되는 효과가 있기도 하고, 내가 바라는 미래를 그려보면서 잠깐 기분이 좋아질 수도 있습니다.

'그럼 좋은 것 아닌가?'

이렇게 진짜 문제가 뭔지 모르기 쉽죠. 탐냄은 마음을 혼탁하게 해요. 마음이 흐려져서 뭐가 좋은지 나쁜지 잘 안 보이게 만드는 주범입니다. 거기다가 탐냄 곱하기 탐냄이 기복하는 마음이 아니던가요. 마음을 잔뜩 흐리게 해놓고서는 자신은 기도

한 줄 압니다.

요즘에는 기도를 가장한 기복을 세련되게 '긍정 심리'라고 말하기도 합니다. 보고 싶은 것만 보고 원하는 대로 이루어지길 바라는 마음이 긍정 심리인가요? 긍정심리학자들이 들으면 펄쩍 뛸 일입니다.

만약 보고 싶은 것만 보고 원하는 대로 이루어지기를 강박적으로 기도한다면 그것은 탐내는 마음일 뿐, 오히려 마음의 힘을 떨어뜨립니다. 기도와는 아무런 상관이 없어요. 기도는 '말하기'가 아니라 '듣기'입니다.

마음의 힘은 마음이 깨끗해질 때 생깁니다. 참 신기한 부분이죠.

마음의 원리를 조금만 공부하면 어떻게 기도할 것인가를 알 수 있어요.

몇 초라도 한 점의 탐냄도 없이, 성냄도 없이, 몽롱함도 없이 마음을 깨끗하게 만들어 깨어 있게 하면 그것이 기도입니다. 이것은 굉장한 비밀인 동시에 우리의 생각 습관과 도무지 반대여서 믿기 어렵습니다.

낮은 단계의 명상일수록 무언가를 바랍니다. 원하는 것을 상상하는 데 내 마음의 힘을 씁니다. 대신 갈망에 뒤따르는 마음 작용을 섬세히 탐구하는 데는 소홀해요. 훨씬 높은 단계의 명상에서는 아무것도 바라지 않은 채 있는 그대로 바라보는 노력을 강조합니다.

우리는 조금이라도 바라지 않으면 안 될 것 같은 강박을 느끼는데 그게 얼마나 마음의 힘을 떨어뜨리는지 알지 못해요. 앞으로 일어날 일을 향해서, 마음 안이 아닌 밖을 향해서 빌고 매달리면 결국은 내 마음의 힘이 없음을 드러내는 반증이 아닌가요? 미래에, 밖에, 즉 외부 요인에 자꾸 기대고 있으니까요. 탐냄으로 기우는 마음을 알아차리고 놓아버리기. 그래서 깨끗하고 홀가분해진 마음을 확인하기. 이 작업이 마음의 힘을 점점 길러준다는 사실, 아직은 믿기 어려우시죠?

사소한 불만족은 탁탁 놓아버리기

사소한 불만족들이 올라오면 또 탐냄이 올라오는구나, 내가 나를 괴롭히는구나 하고 알아봅니다. 이런 괴로움은 상황을 개선하지도, 나 자신을 나아지게 하지도 못하는 나쁜 습관이라고, 오히려 결과를 더 악화시킬 뿐이라고 바른 기억을 떠올립니다. 나를 괴롭히는 마음을 알아차릴 때마다, 또 괴롭기 위해서 그 근거를 찾으려고 할 때마다 그 불만족한 느낌을 탁탁 내려놓습니다.

어떻게요?

탁탁.

관계에서 손해 보는
_____ 기분에 대하여

　사람들에게 "요즘 뭐가 괴로워요?" 하고 물으면 가장 많은 대답이 '관계'와 관련 있습니다. 모든 관계에 대한 불만은 정신적인 손해나 물질적인 손해가 날 때 생깁니다.

　"남편이 집에 오면 말을 안 해요."

　이건 감정적인 손해를 보고 있다고 느끼는 거고요.

　"아내가 일하면 좋겠어요."

　이건 물질적인 손해를 보고 있다고 느끼는 거예요.

　"엄마가 나를 너무 간섭해요."

　이건 감정적인 손해를 느끼는 거고요.

　"아들이 회사를 관두고 대학원에 가겠대요."

이건 물질적인 손해를 걱정하는 거겠지요.

가만히 잘 보세요. 뭔가 손해를 보고 있다는 느낌을 분석하면 물질적인 손해인가, 정신적인 손해인가로 단순하게 구분됩니다. 그런데 둘의 역학 관계가 재미있습니다. 물질적인 손해를 감수하면 감정적인 이득을 얻어요. 반대로 감정적인 손해를 감수하면 물질적인 이득을 얻습니다.

남편이 집에 오면 말하지 않는다는 불만은 감정적인 손해를 느끼는 데서 불거진 감정이라고 했는데, 그 대신에 물질적인 이득을 가져다준다는 뜻이 되어요. 내가 만족할 만한 돈을 남편이 가져다주고 있다는 뜻이 아니라, 혼자 산다면 일당백을 해야 하는데 돈벌이는 대신해주고 있다는 뜻입니다.

아내가 일하지 않는다는 불만은 물질적인 손해를 느끼는 데서 불거진 감정이라고 했는데, 그 대신에 감정적인 이득을 누리고 있을 거예요. 내가 만족할 만한 수준으로 편안하고 행복한 기분을 아내가 선사한다는 뜻이 아니라, 혼자라면 누릴 수 없는 안정감 속에서 맞벌이할 때 쏟아놓게 될 아내의 스트레스까지 감당하지 않아도 된다는 뜻입니다.

지나치게 솔직하다고요? 욕망의 본성은 대놓고 솔직함 아닙니까!

자, 월급은 적고 일은 많아서 불만인 직원은 물질적인 손해를 느낄 거예요. 그렇지만 감정적으로는 이득을 봅니다. 회사에서 신경질을 자주 낼 수 있는 권한이 생겨요.

반대로 월급이 많고 괜찮은 회사의 직원은 감정적인 손해를 자주 느껴요. 이때는 사장이 마음대로 해도 울며 겨자 먹기로 받아들여요. 왜? 다른 곳에 가서는 채우지 못하는 물질적 이득이 있으니까요.

그러니까 관계에서 불만이 생겨난다면 내가 손해를 보는 부분이 물질인지, 감정인지 단순하게 구분해봅니다. 만약 물질적으로 손해라고 느낀다면 그 대가로 어떤 감정적 이득을 보고 있는지 알아보고 그 사실을 분명히 인지하세요. 반대로 감정적으로 손해라고 느낀다면 그 대가로 어떤 물질적 이득을 보고 있는지 알아보고 그 사실도 분명히 인지해봅니다. 물론 그 이득의 수준이 내가 만족할 만하지는 않을 겁니다. 그건 분명해요.

만약 둘 다에서 손해라면 그 관계는 나부터 깨고 나옵니다. 손해인데도 결정을 못 하고 있다는 것은 성립되지 않아요. 관계를 깨지 않을 때는 깼을 때보다 분명히 물질적으로든 감정적으로든 이득이 아주 약간이라도 더 있다는 뜻이에요.

저 같은 사람은 현실에서 부대끼기도 하지만, 그래도 치열한 욕망의 세상에서 조금은 빠져나와 관찰자로 존재할 때가 많아서 여러 상황이 무척 단순하게 보이거든요. 그 판 안에 완전히 들어가 있으면 잘 보이지 않는 지점이겠지요.

우리 거의 모두가 관계에서 갈등을 느끼는 이유는 물질과 감정, 이 둘의 이해득실 때문입니다. 너무 솔직히 말해서 미안하지만 어차피 관계에서 내가 이해득실을 따지고 산다면, 거기서 자유로울 수준이 못 된다면 철저히 따져보시길 바랍니다. 진짜로 손해를 보고 있는지, 이득을 보고 있는지를 말입니다. 다만 한 손해를 감수하면 다른 이득을 본다는 상관관계까지 분명히 알아야 해요.

물론 이해득실의 마음을 떠나는 편이 가장 좋아요. 그렇게 되도록 연습한다면 훌륭한 수행자가 되어갈 겁니다. 그렇지만 아직은 현실감 없는 소리 같다면 나에게 이익인 부분과 이익이 아닌 부분을 스스로 정확하게 알고 있어야 적어도 '내가 손해인데도 바보같이 결정을 못 내리고 있어', '대체 나는 무엇 때문에 손해를 보고 있는 거지?'라고 억울하게 생각하는 습관에서 벗어날 수 있답니다.

손해라고 곱씹는 괴로움 중독에서 벗어나기

지금 내가 이 관계 속에 있는 이유를 명확히 파악해봅니다.

이 관계를 깨뜨릴 때는 무엇이 이득인가, 계속 유지할 때는 또 무엇이 이득인가를 따지는 겁니다. 계속 유지하는 것이 손해라면 관계를 정리하세요. 그러나 이득이 있다면, 혹은 적어도 손해는 아니어서 관계를 유지하기로 마음먹었다면 '손해'라고 곱씹는 일을 그만둡니다. 내가 얻는 이득을 자주 되뇌어 기억합니다. 그런데 이익을 약간이라도 보고 있다는 걸 확인했는데도 자꾸 불만족한 기분이 일어난다면?

그건 나 자신의 괴로움 중독 증세일지도 모릅니다. 농담이 아니라, 실제로 괴롭기 싫다고 하면서 계속 괴로워하고 싶어 해요. 붓다는 "철부지 아이들이 까마귀를 괴롭히듯 자기 마음을 괴롭히는 일도 자신에게서 비롯한다"라고 말했습니다.

왜 수행하라는 줄 아십니까? 마음을 길들이지 않으면 거의 괴로움 중독자처럼 살기 때문이에요. 실제 손해가 아닌데도 손해만 바라보며 계속 괴로워할 거리를 찾고 있습니까? 나는 지금 괴롭지 않을 수 없다는 생각이 자꾸만 듭니까?

허허, 당장 수행이 필요합니다!

행복을 행복으로 바로 알 때
_____ 행복해진다

　투자가들은 금융맹들을 보면서 안타까워하지요? 소소한 행복을 자꾸 찾으면 날마다 가난해진다고 경고합니다. 굉장히 찔리는 부분이지요. 그들은 사람들이 괴로움을 행복으로 착각한 채 아끼고 모으고 투자하고 공부하는 행복을 괴로움으로 잘못 알고 있다고 말해요.

　밤에 치킨을 시켜 먹으면 '오, 안 돼요!'라고 생각하는 몸짱들은 튀김옷의 바삭한 식감이 일시적인 즐거움일 뿐으로 괴로움의 시작임을 '깊이' 알고 있습니다. 그들은 많은 사람이 다이어트를 말하면서도 공복의 가벼움과 땀 흘리는 행복을 괴로움으로 잘못 받아들이고 있다는 걸 알지요.

방금 이야기한 투자가와 몸짱들은 삶의 구성 요소 중 일부 (돈과 건강)에 대해서는 바른 관점을 가지고 있어요.

그 범위를 확 넓혀서 삶에 대한 바른 관점을 가진다는 건 무엇일까요?

붓다는 깨달은 후에 대표적으로 뒤바뀐 세 가지 관점, 즉 사람들이 잘못 바라보는 세 가지를 언급합니다. 그중 하나가 '행복'입니다.

붓다는 사람들이 괴로움을 행복으로, 행복을 괴로움으로 잘못 알고 있다고 했습니다. 행복과 괴로움을 거꾸로 착각하는 관점 때문에 행복을 추구하는데도 나중에는 행복하지 않은 결과에 다다르고 만다는 거예요.

건강한 음식을 먹으면서 마음을 바르게 하는 수행을 몇 주씩 하루 종일 하면 불행하다는 느낌이 생겨납니다. 그 기간이 며칠이라면 낯선 경험에 흥미를 느끼겠지만, 열흘만 지나도 행복해지려는 연습에 불행이 싹트고 있음을 보게 됩니다. 충격적이면서도 재미난 부분이죠.

아마도 투자가들의 조언대로 평소에 돈을 아끼고 투자하고 공부하는 생활을 하기 시작하면 한동안 불행한 느낌을 받을 거예요. 소소한 소비를 즐기면서 돈 걱정만 할 뿐 돈 공부는 하지 않는 편안함을 행복이라고 느끼며 살아왔으니까요.

마찬가지로 바삭하고 아삭한 음식들이 행복이라고 강하게 입력되어 있으므로 건강식을 먹고 운동을 하면 일정 기간은 참다가도 결국 이런 말을 읊조리기에 이릅니다.

"이렇게 살아서 무슨 의미가 있어?"

그러니까 행복을 행복으로, 괴로움을 괴로움으로 바로 알 때 지혜가 싹틀 수 있어요. 무척 안타깝지만, 사실이 그래요.

아리스토텔레스Aristoteles는『니코마코스 윤리학』에서 행복을 세 층위로 나누었습니다. 맨 아래 단계는 향락적인 기쁨에서 나오는 행복이고, 그다음 단계는 명예에서 나오는 행복이며, 마지막 단계는 중용의 길을 걷는 행복입니다.

아리스토텔레스가 정의한 저차원 행복은 일신을 편안하고 즐겁게 해주는 것들, 요즘 식으로 말하면 일차적인 쾌락, 소확행 같은 것들이에요. 동물들이 누리는 행복(식욕, 성욕, 수면욕 등을 채운 상태니까 사자가 사슴을 잡아먹고 한잠 잘 때 느끼는 행복)과 크게 다르지 않다고 봤어요.

명예에서 비롯하는 그다음 차원의 행복은 다른 사람들이 인정해줄 때 달성됩니다. 요즘 말로 하면 재산, 직업, 학위, 인기 등 인정 욕구가 채워질 때 느끼는 행복을 말해요. 최근까지 우리는 이 행복에 매달렸고, 이제는 내 행복이 타인의 인정에 좌지우지되다니 이것이 진짜 행복일까 의심스러워하고 있지요.

아리스토텔레스는 마지막 고차원 행복에서 그 오류를 보완합니다. 타인의 인정을 받든 받지 못하든 상관없이 적재적소에서 치우침 없이 최선의 선택을 하면, 즉 중용을 실천하면 '탁월함Aretê'을 얻고 행복할 수 있다고 말합니다. 이는 온전히 깨어 있는 실천적 삶을 뜻한다는 데에서 마음공부의 길과 많이 닮았습니다.

게다가 마음공부의 지향점도 행복이에요. 이때의 행복은 세간世間의 행복과 다릅니다. 세간의 행복은 아리스토텔레스가 말한 일차원·이차원 행복(소확행과 타인의 인정을 받는 행복)과 비슷하죠.

세간의 행복도 행복은 맞습니다. 다만 그 행복은 조건에 따라 변할 수밖에 없는 불완전한 형태입니다. 내가 사회적으로 별로 인정받지 못하면, 내가 아프면, 가족에게 무슨 일이 생기면, 맛있는 음식을 사 먹을 돈이 없으면 그 행복은 언제라도 흔들릴 수 있죠.

마음공부에서 이야기하는 행복은 '출세간出世間(세간을 벗어나다)'의 행복입니다. 언제나 완벽하게 행복한 상태를 말해요.

조건에 영향을 받지 않는 절대 행복을 목표합니다. 이 절대 행복에는 어떻게 도달할까요? 세간의 행복을 탐하는 마음을 모두 벗어버릴 때 절대 행복을 느낄 수 있습니다. 굉장한 반전이지 않나요?

세간의 행복을 얻으려 노력해도 안 되니까 '에이, 저건 신 포도야!' 하는 성냄을 바탕으로 포기하는 태도가 아니고, '기꺼이 벗어버린다'는 자세입니다. 세간의 행복에는 불안 요소가 있음을, 쾌락에는 고통이 뒤따름을 잘 숙고한 뒤 그것에 얽매이지 않기로 하는 자유의 맛이라고 할까요? 이렇게 기꺼이 벗어버리는 태도가 출세간의 행복입니다.

마음공부를 하면 행복에 대한 기존 관념이 조금씩 느리게 바뀝니다. 잘못 알던 것을 바로 알게 된다는 뜻인데요. 세간의 행복만이 행복인 줄 알고 살았는데, 이따금 그것을 마음으로라도 과감히 벗어버렸을 때 얼마나 홀가분해지는지 경험하면, 뭐라고 할까요. 세간의 행복이 아무리 좋아도 조금은 싱겁게 느껴집니다.

다만 행복을 바르게 인식하고 기억하는 관점이 아직 제대로 확립되지는 않아서 저는 오늘도 행복을 연습합니다.

좋고 싫은 이분법 관점에서 물러나기

탐냄은 유혹적이라서 놓기가 어렵습니다. 그것을 쥐고 있을 때 즐겁기 때문이죠. 탐냄을 알아본 순간에 놓는 연습을 하는 것도 필요하지만, 더 근본적으로 이를 숙고해보면 좋습니다. 좋은 느낌 혹은 좋은 일이 일어났을 때 그게 단지 좋은 것만은 아니라는 점, 그리고 싫은 느낌 혹은 싫은 일이 일어났을 때 또 그게 단지 싫은 것만은 아니라는 점을요.

칼릴 지브란Khalil Gibran의 『예언자』에 아주 적확한 대목이 있습니다. 이 대목은 여러 번 읽을수록 좋아요. 한 번으로는 부족할 거예요.

기쁠 때는 마음 깊이 들여다보기를.

그러면 기쁨을 주는 것이 그대들에게 슬픔을 주었던 그것일 뿐임을 알게 될지니.
슬플 때는 다시 마음을 들여다보기를.
그러면 사실 눈물짓게 하는 일은 그대들의 기쁨이었던 그 일임을 알게 될지니.

×

5장

화를 잘 다스리려면

–

'성냄'에 대한 마음챙김

삶에서 두려워할 것은 없다.
단지 이해할 것이 있을 뿐이다.

– 마리 퀴리 Marie Curie

탐냄과 성냄의 춤에
_____ 휩쓸리지 않도록

예전에 '돈으로 행복을 살 수 없다'는 내용의 기사가 올라온 적이 있습니다. 뇌과학으로 돈과 행복의 상관관계를 바라본 기사였습니다. 그 기사에 수많은 댓글이 달렸는데, 그중에서 '좋아요'라고 엄청나게 공감받은 댓글을 보고 감탄했습니다.

"누가 행복하고 싶댔나? 돈 많고 싶댔지."

우와, 허를 찌르는 말이었어요.

돈으로 뭔가를 사고 싶어서 돈을 원한다는 것은 너무 표면적인 이유죠. 더욱 근본적인 마음은 '돈이 좀 많아서 내 존재감이 커지면 좋겠어!'가 아닐까요? 그에 따르는 마음고생을 하더라도 제발 나도 확실한 존재감으로 뭔가를 보여주고 싶어, 다들 조용히 이렇게 소망합니다. 돈을 예로 들어서 설명했지만, 돈 자리에 명예, 칭찬, 학위, 애정…… 다른 걸 집어넣어도 모두 통하는 이야기입니다.

지금 탐냄과 성냄을 따로 살펴보고 있지만, 그 둘은 서로가 서로의 원인이 되어서 같이 움직입니다. '돈이 좀 많아서 내 존재감이 커지면 좋겠어'는 성냄을 바탕으로 한 탐냄입니다. 여기서 성냄은 우리가 아는 일반적 성냄뿐만 아니라 모든 불만족스러운 감정을 통칭하는 것입니다.

성냄의 방향(밖으로, 아니면 안으로)이나 방식(외부 대상을 향해 내뿜느냐, 안으로 짓눌러 자신을 옥죄느냐)에 따라 다르게 보일 뿐 그 속성은 '싫어하다'로 같아요. 즉 화, 분노, 우울, 슬픔, 불안, 두려움, 무기력, 짜증, 자기 연민, 비난 등을 다 포괄합니다.

자기 자신이 불만족스러워 성냄이 일어나면 그 불만족을 어떻게든 채우려고 무언가를 탐하게 됩니다. 마음이 언짢으면 우걱우걱 더 먹고, 괜히 불필요한 소비를 하고, 실컷 잤는데도 또 자고 싶습니다. 그런 일차적 욕구를 계속 탐합니다.

그런데 마음이 편안하면 어떤가요? 일부러 많이 먹을 필요도, 쓸데없는 물건을 살 필요도, 잠을 계속 잘 필요도 없어요. 사랑에 빠지면 입맛이 떨어지죠? 아마 그 정도의 양이 먹기에

적당한 양일 겁니다. 돈을 좀 벌 때는 사고 싶은 게 별로 없어요. 아마 그동안 소비했던 것은 대개가 불만족한 기분을 달래기 위해서였을 거예요.

명상 중에 마음이 왜 자꾸 미래에 가서 헤매느냐고요? 현실이 불만족스럽기 때문이에요.

그 사람이 이렇게 변했으면 하고 왜 자꾸 기대하냐고요? 그 사람이 불만족스럽기 때문이에요.

내가 어떤 사람이 되기를 왜 자꾸 바라냐고요? 지금의 내가 불만족스럽기 때문이에요.

이 불만족스러운 마음, 곧 성냄은 탐냄과 등을 맞대고 함께 돕니다. 유심히 관찰해보면 우리는 두 마음 사이를 오가며 놀아나는 데 너무 익숙합니다.

만약 이 두 마음이 가득해도 별 해로움이 없다면 문제가 되지 않겠지요. 그런데 탐냄과 성냄은 마음을 혼탁하게 하는 대표 주자들이에요. 마음이 혼탁해지면 생각이 많아지고 거기에 지배받아서 나쁜 감정을 계속 경험해요. 고요하게 빛나야 할 마음이 어둡게 헐떡이며 요동을 칩니다. 탐냄과 성냄, 이 두 마음을 움켜쥔 채 원하는 것을 성취하더라도 마음은 결코 편안하지 않습니다.

"자기 마음을 괴롭히지 마세요."

이 말을 어떤 의미로 받아들이시나요? 생각해보면 저도 한때 그 말의 깊은 의미를 몰랐어요. 그냥 "안 넘어지게 조심해" 정도의 말로 취급한 것 같습니다.

이제는 왜 내 마음을 괴롭히지 말아야 하는지 좀 더 분명히 설명할 수 있습니다. 마음을 괴롭히지 말아야 하는 이유는 앞에서 이야기했지만, 그래야 마음의 힘이 생기기 때문이에요. 마음의 힘이라는 표현은 근사한 비유가 아닙니다. 무척 실재적인 표현입니다.

마음의 힘은 식스팩처럼 눈에 보이지 않기 때문에 모호하게 느껴집니다. 마음의 힘이 있는 상태는 어떤 상태를 말하는 걸까요? 마음을 기울이고 싶은 대상에 기울이고, 기울이고 싶은 순간에 기울이고, 기울이고 싶지 않은 대상에는 기울이지 않고, 기울이고 싶지 않은 순간에는 거둘 수 있는 상태를 가리킵니다.

힘든 생각이 자꾸 떠오르는데 거기에서 바로 마음을 거둘 수 있다면, 해야 할 일이 있는데 거기에 바로 몰두할 수 있다면 이것이 얼마나 대단한 능력인가요?

조금 전에 자기 마음을 괴롭히지 않아야 마음의 힘이 생긴다고 했습니다. 그런데 마음을 괴롭히는 나쁜 커플이 바로 탐냄과 성냄입니다. 그래서 이 둘의 춤에 걸려들지 않는 연습이 필요한 거예요. 수많은 선사가 탐냄과 성냄을 버리라고 이야기하는 까닭입니다.

성냄의
_____ 중독적인 맛

탐냄이 좌절당할 때 성냄으로 바뀝니다. 원하는 대로 안 되면 화가 나지요. 화가 올라올 때는 무엇을 기대했는지 살피면 그 원인을 알아낼 수 있어요.

예를 들어 아이가 게임을 하고 있을 때 화가 납니다. 아이가 책을 봐야 하는데 내 기대에 어긋난 겁니다. 이때 아이를 내가 바꿀 수 없다는 데 화가 납니다. 내가 책을 좋아하는 아이로 바꿀 수 있기를 기대하기 때문이죠. 만약 여기서 화를 내버리면 화낸 자신한테 또 화가 납니다. 스스로에게 화를 내지 않는 평온한 부모이기를 기대하기 때문이에요.

우리는 기꺼이 성냄에 끌려다닙니다. 가만히 생각해보면 화내는 자신이 너무 싫은 것은 물론이고 화 자체가 사는 데 아무런 도움도 안 되는데 화를 냅니다. 왜 그럴까요? 성냄을 놓지 못하는 이유도 쾌락 때문이에요(탐냄을 놓지 못하는 이유도 그와 마찬가지라고 이미 말했습니다). 아니 도대체 성냄에 무슨 쾌락이 있다는 걸까요?

화를 낼 때 특유의 쾌락이 있죠. 좀 시원합니다. 가만있지 않고 혀라도 차면 속이 좀 풀리는 것 같고, 무표정보다는 미간을 잔뜩 찡그리고 눈빛 레이저를 쏘면 분이 한결 풀리는 것 같아요. 그 잠깐의 시원함 때문에 중독성이 생길 만합니다. 그래서 성냄을 끊기 어려운 거예요. 술처럼, 담배처럼.

속으로 조용히 내는 성냄인 소외감, 우울함, 슬픔도 다르지 않아요. 여기에도 쾌락의 요소가 있습니다. 나는 좀 다른 존재, 선한 존재라고 느끼게 합니다. 이 맛은 독특하죠. 마찬가지로 중독성이 생길 만합니다.

그렇다면 성냄이 일어날 때 어떻게 하면 좋을까요?

우선은 성냄이 일어난다는 것을 알아보고 그 변화를 지켜봅니다. 화를 억누르면서 참는 것과는 다르게 성냄을 있는 그대로 관찰하려고 시도하면 그래도 길이 보여요.

성냄은 다른 모든 감정과 마찬가지로 일어나고 사라집니다.

인내심을 가지고 관찰하다 보면 그 자체로 억눌러 참은 것도 아닌데 성냄이 좀 줄어듭니다. 여기서 좀 더 나아가면 성냄의 원인을 숙고할 수 있습니다.

그런데 실제로 화가 일어날 때 관찰하면서 마음챙김 하기란 어렵습니다. '성냄을 바라보는 게 이토록 어려운 일이었구나. 커다란 수고로움을 들여서 지속적으로 노력해야 하는구나'를 처음 느꼈을 때 착잡했습니다.

제 안에서 착잡한 마음이 일어나는 걸 보고서 '아, 내가 쉽게 고치고 싶어 했구나'라고 깨달았습니다. 아니, 좀 연습하면 화 내는 습관쯤이야 오래지 않아 고칠 줄 알았거든요. 실제로 성냄이 일어나서 지나가는 과정, 그렇게 사라진 이후까지의 마음을 관찰해보면 두 갈래의 길이 생깁니다.

하나는 알게 모르게 화를 내버리고 마음챙김을 안 하면 내가 어떤 모습으로 남겨지는지 정확히 직시하는 길, 또 하나는 '잘은 안 됐지만 해보기는 했어. 다음에는 더 잘해봐야지' 하고 마음을 다잡는 길요.

성냄에는 비교적 지켜보기가 잘되는 성냄도 있고, 이게 가능할까 싶을 정도로 지켜보기 어려운 성냄도 있어요. 그런 뿌리 깊은 성냄은 보통 어린 시절의 기억과 맞닿아 있고요.

우리는 순간순간 속 시원하게 화를 내고 싶은 마음과 줄다리기합니다. 그래서 축구 선수도 축구공이 발에 닿는 순간 반사적으로 빠르고 정확하게 넘기는 패스가 몸에 익을 때까지 부단히 연습하듯이, 생각이 끼어들기 전에 마음을 바른 방향으로 기울이도록 체화해야겠지요.

그나마 예전보다 나아진 건, 저는 '화를 좀 안 내고 싶은데 자꾸 화를 내는 나 자신이 실망스러워' 같은 생각은 별로 하지 않습니다. '지금 내 모습은 이렇구나. 너무 오랫동안 화내며 살아왔으니까 어려운 게 당연하지. 다시 시작해보자' 하고 이로운 마음을 내지, 나에게 향하는 성냄은 거의 줄었어요.

간혹 마음을 공부하면서 왜 자신은 이렇게 느릿느릿 변화하는가, 혹은 도무지 변화의 기미가 안 보이는가 하고 짜증을 내거나 답답해하는데 이 역시 성냄입니다. 화를 다스리는 게 잘 안 된다고 화를 낸다면 참 웃긴 일이지요. 먹는 게 조절이 안 된다며 괜히 또 먹는 일과 같습니다.

실제로 화낼 상황에서 화가 줄어들기까지는 오래 걸립니다. 그것은 받아들여야 해요. 화를 내온 시간의 지배를 받으니까요. 그렇다면 '오래'란 도대체 어느 정도의 기간을 말하는 걸까요? 아마도 '자기 생각보다 오래'일 것입니다.

실망하지 마세요. 아무리 그렇더라도 성냄의 맛에 이끌리기보다 성냄이 일어나고 변화하고 사라지는 과정을 지켜보는 것만으로 진정한 수행이 될 만해요. 너무 어렵다는 의미가 아니라, 실제 내 삶에서 바로 시도할 수 있고, 지금 해야 하는 일이 그 일이라는 거예요.

여기서 성냄의 특징을 간단하게 정리해둡니다. 내 안에 성냄의 요소가 있지는 않은지 먼저 돌아보고, 그에 대한 세 가지 연습 문제를 한번 연이어 풀어봅시다.

○ 성냄은 싫어하는 마음을 바탕으로 일어난다.

○ 정신적으로 불만족한 상태의 총칭이다.

○ 내 안에 성냄의 원인이 되는 요소가 먼저 있다.

○ 단순하게는 '마음에 안 들어. 미워! 섭섭해. 너 때문이야!' 같은 마음으로 관찰된다.

○ 성냄에 대한 반작용으로 탐냄이 나타난다.

화는 왜 가까운 사람들에게
_____ 많이 낼까?

한번은 친구가 힘든 마음을 토로하는데 '쟤는 나보다 많은 걸 가졌으면서 나만 보면 힘든 이야기를 늘어놓네. 나를 뭐로 보는 거지?' 하는 생각이 일어나면서 섭섭한 감정이 계속 올라왔습니다.

그러고는 친구가 잘난 사람 앞에서는 말하지 못하는 것을 내가 자신보다 못났으니까 마음 편하게 이야기한다, 얼핏 들으면 힘들다는 이야기 같지만 사실은 자기가 잘났다는 이야기밖에 없다, 내가 어떻게 지내는지는 묻지도 않는다, 나는 투명인간이 되었다…… 하는 생각의 논평을 속으로 끊임없이 쏟아내고 있었습니다.

한마디로 저는 친구에게 단단히 화가 나 있었어요. 게다가 제가 내린 판단이 옳다는 생각에 사로잡혀서 친구를 원래부터 그런 사람으로 이미지화하느라 바빴습니다. 친구와 헤어지고 나서야 제가 그 같은 판단으로 스스로를 괴롭혔다는 걸 알아차렸습니다.

가만히 돌아보면 '쟤는 나보다 많은 걸 가졌으면서'라는 생각은 참 우스워요. 이성적으로 생각하면 나보다 돈이 많은 친구에게 돈이 부족해서 힘들다고 털어놓는 것이 타당한 듯한데, 우리는 늘 나보다 돈이 없는 친구에게 돈 때문에 힘든 일을 털어놓습니다. 연인이 없는 친구에게 연인이 있는 친구가 외로워서 힘들다고 투정합니다. 왜 그럴까요?

나보다 못하다고 무시하는 것이 아닙니다. 자존심 때문에 나보다 괜찮은 친구에게는 그 이야기를 하기 싫어지고, 그러다 보면 마음 편하게 이야기할 수 있는 친구에게 그냥 이야기하는 것뿐입니다. 학교에 다닐 때는 성적, 사회로 나와서는 직장, 연애, 결혼 생활, 돈, 대인 관계, 건강까지 상대적으로 더 많이 가진 사람이 덜 가진 사람에게 힘들다고 자기 고민을 이야기해요.

우리 생각이 짧고 못되어서가 아니라 우리 자존심이, 인간의 심리가 다들 그처럼 어리석게 기울어요. 그러니 '내 주변에서는 나보다 나은 것들이 꼭 나한테 이런 이야기를 털어놓아서 내가 힘들어진다'라고 판단할 것이 아니라 '사람이란 다 그렇구나' 하고 나는 그동안 어떠했나 돌아보면 좋아요. 그러면 이런 일은 정말 아무것도 아닌 듯 풀립니다.

조금만 숙고해도 알 수 있는데 당시에 그 일을 겪는 순간에는 성냄에 사로잡혀서 마음챙김 하지 못했습니다. 게다가 첫 번째 화살을 맞은 것도 아픈데 나 자신에게 두 번째 화살까지 쏘았어요.

'이렇게 사소한 일에도 자비심이나 평정심은 전혀 적용되지 않네. 나는 이 일을 할 자격이 있을까?'

'왜 나는 속 좁게 이런 걸로 속상해하지?'

그때 제 생각과 감정에 제대로 마음챙김 했다면 마음이 좀 고요해졌을 것이고, 고요한 마음은 공명하니까 친구도 화를 가라앉히면서 문득 자신을 되돌아봤을지 모릅니다.

이렇게 반조하기까지 거의 일주일이나 걸렸던 걸로 기억해요. 아마 그 친구와 가까워서 시간이 오래 걸린 것 같습니다. 가까운 사이일수록 애증(좋아하고 싫어하고) 때문에 집착으로 눈이 많이 어두워져 있거든요.

강하게 집착하는 사이일수록 내 삐뚠 마음을 알아보는 데 시간이 오래 걸려요. 내 마음보다 상대의 말과 행동이 계속 보이면서 그것을 문제로 삼고 싶어 합니다. 그런 까닭에 성내지 않기에 제일 고난도인 대상은 언제나 나 자신이에요. 사람은 나 자신에게 가장 강하게 집착하니까요. 나에 대한 성냄은 좀처럼 없어지지 않습니다.

집착이 강한 대상일수록 그 대상(나 혹은 타인)이 어떻게 되기를 기대하고(탐냄), 그 대상의 고통에 공감하면서 따듯한 마음을 내기보다는 먼저 탓하면서 고치려(성냄) 합니다.

친구와 그런 일이 있고 나서 이틀 동안 저는 엄마에게 화를 무척 많이 냈습니다. 밖에서 제대로 내지 못한 화는 또 나한테 만만한 대상에게 기대서 풀기 마련이지요. 비겁한 일입니다만, 사람이 그렇습니다.

원래 탐냄도 그러하지만, 성냄은 더더욱 가까운 사람에게 그대로 드러냅니다. 적당한 거리를 둔 사람에게 우리는 화를 잘 내지 않아요. 아마도 저를 좋게 보는 사람은 이따금 보는 사람일 확률이 높아요. 모든 존재는 자세히 보면 아름답지만, 그러면 욕실 배수구에 엉킨 머리카락같이 지저분한 면까지 드러나니까요.

화는 가족에게 많이 내지, 절대로 회사 동료들이나 친구들에게는 많이 내지 않습니다. 또 나 자신한테 미세하게라도 계속 화를 내지, 식구들에게는 그보다는 덜 내요.

'가까운 사람일수록 내가 기대하는 것이 많다. 고로 성낼 일이 많다. 집착이 지금 내 눈을 가리고 있다', 이를 계속 기억할 수 있어야 성냄에서 조금은 자유로워질 수 있답니다. 그리고 그렇게 성내는 자신에게 또다시 성내지 않을 수 있어요.

나 자신이 호구 같아서
_____ 화날 때

주원 씨는 석 달 전에 가까운 친구에게 100만 원을 빌려줬습니다. 친구의 딱한 사정을 들으니 안됐고, 빌려주지 않으면 의가 상할 것 같았습니다. 돈을 빌려주고 두어 달이 지나서 친구의 SNS에 여행 사진, 쇼핑 사진이 올라왔습니다. 형편이 나아진 것처럼 보이는데 왜 내 돈은 갚지 않을까? 마음이 상하기 시작했습니다.

100만 원이 큰돈이라면 큰돈이지만, 친구를 다그쳐서 관계를 깨뜨릴 만한 금액은 아닌 것 같아서 말도 못 하고 속으로 기분만 나빴습니다. 게다가 요즘 친구는 주원 씨가 먼저 연락하지 않으면 카톡도 보내지 않습니다.

'나를 얼마나 무시하면!'

내가 그렇게 만만한가, 내 돈은 안 갚아도 된다고 생각하나, 딱한 사정이 거짓말은 아니었겠지…… 그러지 않으려고 해도 자꾸만 이런 생각이 꼬리에 꼬리를 물었습니다.

"전에도 그 친구에게 돈을 빌려준 적 있어요?"

"네, 몇 년 전에. 아, 그 전에도……."

"그때에는 돈을 잘 갚았나요?"

"……좀 늦게 돌려줬죠."

주원 씨와 이야기를 나눠보니 돈을 빌려 간 친구는 불운을 여러 번 겪기도 했지만, 다른 친구들한테서도 돈을 빌리고 늦게 갚는 일이 종종 있었습니다. 그렇다면 이 문제는 친구의 잘 못을 떠나서 주원 씨 자신의 마음에서 오래도록 묵은 과제를 보여줍니다.

알고 보니 주원 씨는 그 친구뿐만 아니라 다른 친구나 직장 동료, 동생에게도 크고 작은 돈을 빌려주고 돌려받느라 애먹은 적이 있습니다.

역술인들은 이런 사람을 두고 '돈 빌려주고 못 받는 사주'라 고 말할지 모르겠어요. 어쩌면 그런 말이 행동을 개선하는(!) 면에서는 효과적일 것 같습니다만, 심리적인 측면을 한번 살펴보겠습니다.

주원 씨는 돈을 빌려주고 다시 받느라 애 끓이는 일을 잊을 만하면 반복합니다.

주원 씨는 돈 때문에 자주 싸운 부모님과 고집 세고 욕심 많은 동생 사이에서 자랐습니다. 어린 시절의 집안 풍경은 부모님의 다툼 소리와 동생의 고함 소리로 늘 시끄러웠습니다. 자연스럽게 주원 씨는 '나라도 집에서 시끄럽지 않아야 한다'라는 마음이 들었고, 조용한 아이로 자랐습니다.

조용한 아이들이 그렇듯 자기감정을 꺼내는 연습을 별로 하지 못했습니다. 게다가 집에서 크고 작게 일어나는 소란을 조용하게 가라앉히려는 중재자 역할을 자처했습니다.

주원 씨 자신은 인지하지 못했지만, 그에게는 '돈=시끄러움=해결(중재)해야 할 문제'라는 관념이 있습니다. 현재 주원 씨가 유달리 착실한 직장인으로 건실하게 재테크를 잘하는 이유도 여기에 있었습니다. 이런 주원 씨의 내적 조건 때문에 누군가 딱한 처지를 이야기하고 돈을 빌려달라는 외적 조건을 만나면 그 안에서 무언가 일어납니다. 이성이 멈추고 마음이 약해지는 거예요.

누구보다 사회생활을 똑 부러지게 잘하는 주원 씨였지만 이상하게도 그런 문제는 딱 자르지 못했습니다. 그것이 주원 씨의 약한 고리였던 셈입니다.

만약 돈을 빌려주고 잘 받지 못하는 일이 반복돼도 스스로 '어려울 때 도와줬으니 그걸로 됐어. 기부도 하고 사는데, 뭐', '못 받을 줄 알고 빌려줬으니 괜찮아'라고 여긴다면 아무런 문제가 되지 않겠지요. 그러나 주원 씨는 이런 일이 생기면 자꾸만 자학했습니다.

나는 호구인가?

사람들은 왜 나를 만만하게 볼까?

나는 늘 배려하는데 배려를 받지는 못하네.

만약 주원 씨가 그런 일을 겪고 '내가 착하고 순진해서 또 이런 일을 당하고 말았네'라는 결론을 내리면 같은 고통을 다시 겪을 확률이 높아요. 이는 감정적인 위안을 줄지는 모르지만, 바른 판단이 아닙니다.

시끄러운 일에 중재자, 해결사가 되려는 자신의 욕망을 먼저 봐야 해요. 돈을 빌려 간 사람들이 유독 주원 씨에게만 끈질기게 받아내려고 달라붙어 있었던 것이 아닙니다. 말하자면 주원 씨 자신의 강한 욕망이 '비빌 언덕'이 필요한 사람들의 욕망과 만나서 조화(?)를 이룬 겁니다.

자기 안에서 중재자, 해결사가 되려는 욕망은 잘 발견하기 어려워요. 그건 과거 기억으로까지 거슬러 올라가야 하기 때문이죠. 또 이런 경우는 대부분 자신이 수동적으로 당했다고 기억하기 쉽고요.

그런데 이런 욕망은 왜 생겨날까요?

관계에서 외면당하고 싶지 않기 때문이에요. 관계의 유지를 바라는 무의식적 행동이에요. 관심과 사랑을 원하는 마음이 이런 행동을 하게 합니다. 흔히 어린 시절에 관심과 사랑을 충분히 받지 못한 사람이 그 결핍으로 인해 인간관계를 맺을 때 상대에게 끌려가는 형태로 나타나죠.

내가 호구이기 때문이 아니라 내 안의 뿌리 깊은 결핍 때문에 생겨난 욕망으로 스스로 그렇게 행동했음을 이해하는 게 중요해요. 네 행동이 잘못됐으니 이제 달라져야 한다는 교훈은 여기서 중요하지 않습니다. 오히려 지금까지의 자신을 인정해 줘야 해요.

'그래도 잘했지, 뭐. 남을 해코지한 것도 아니고 어려울 때 도와준 건데, 잘했지!' 하고 다독여도 좋습니다. 다만 상대는 가해자, 나는 피해자로 여기는 일만은 그만둬야 해요. 그것은 자신을 위하는 행동이 아니에요.

자신을 좀 더 이해할 필요가 있어요. 내가 나를 몰라서 일어난 성냄(나는 호구인가, 바보 같은 인간인가 등)에서 진짜로 벗어나려면 말입니다.

남들이 나를 이해해주지 않아서
_____ 화날 때

"어머, 결혼을 아직 안 하셨어요?"

마른 살 수현 씨는 결혼하지 않았고, 지금 편안합니다. 그런데 이따금 사람들의 말과 표정에 상처를 받습니다. 수현 씨의 괴로움은 '사람들의 편견 때문에 힘들다. 거기에 휘둘리는 자신이 싫다'입니다.

이때 사람들의 편견은 외적 조건이고, 거기에 휘둘리는 마음은 내적 조건입니다. 외적 조건과 내 안의 조건이 만나서 괴로움이 발생합니다. 외적 조건만으로 '고품'가 발생하지 않아요. 이 점을 이해하는 게 중요합니다.

우리는 외적 조건만 바라보기 때문에 내적 조건을 미처 알아보지 못할 뿐입니다. 물론 모든 것이 내적 조건 때문이라는 이야기는 아니에요.

예를 들어 불씨가 날아왔는데 마른 장작이 거기에 잔뜩 있었다면 오래 타오를 겁니다. 그런데 불씨가 날아왔는데 종이 몇 장만 있었다면 불길은 금방 잡혀서 사라집니다.

밖에서 날아온 불씨가 결혼하지 않은 소수에 대한 사회적 편견인데, 괴로움의 불길이 활활 타올랐다면 내 안에도 그 불길을 부채질하는 요인이 꽤 있다는 이야기입니다.

언제나 내 안에서 '고'로 타오를 거리, 즉 내적 조건을 먼저 찾아봐야 합니다. 그 이유는 내가 문제가 많아서라기보다는, 외적 조건은 쉽게 보이는데 내적 조건은 굳이 살펴야 보이기 때문이에요.

내 안의 마른 장작더미는 금방 보이지 않을 겁니다. 자존심을 지키려고 아마도 이 핑계, 저 핑계를 계속 떠올릴 거예요. 그래도 자신에게 계속 솔직하게 물어보는 수밖에 없어요.

내 안에서 바짝 마른 장작은 무엇이지? 왜 다른 사회적 편견도 하고많은데 이 문제에서는 불씨가 닿자마자 오래 타오르지?

수현 씨는 자기 마음을 가만히 보니 이런 마음이 올라왔다고 했습니다.

"누가 나를 부족하게 바라보는 게 싫어요."

저는 정정해줬어요. 사람들은 수현 씨가 다르다고 생각하여 반응했는데 수현 씨 자신이 부족하다고 받아들인 것이라고.

"그런가요? 다르면 부족하다고 생각하는 사람이 많아요."

"네, 그런 경향이 있죠. 그런데 수현 씨는 스스로를 어떻게 받아들여요? 다르다고 받아들이나요, 좀 부족하다고 받아들이나요?"

자신은 부족하지 않고 다를 뿐이라면서 그동안 살아온 이야기를 한참 하다가 수현 씨는 문득 알아차렸습니다.

"제가 부족하지 않다는 걸 증명하려고 너무…… 의식하면서 살아온 것 같아요."

거기서 자유롭지 못한 자신을 봤습니다.

어느 사회에든 한심한 모순들이 있어요. 하필이면 그 모순적인 지점에 서 있는 사람들은 편견 가득한 눈초리를 자주 받으며 삽니다. 처음에는 자유로웠던 사람도 점점 구속을 받게 되죠. 하지만 이 같은 사회적 조건에만 100퍼센트 책임이 있는 건 아닙니다.

다수의 길에 서면 다수의 의견에 완전히 동의하지 않더라도 적당히 자신을 숨기며 살 수 있습니다. 불편한 시선을 받지 않아도 되는 득得이 있는 반면, 자기 의견을 많이 내려놓아야 하는 실失이 있죠.

그에 반해 소수의 길에 서면 자신을 적당히 숨길 수 없어요. 자기가 누구인지 드러나는 득이 있는 반면, 다른 쪽에 서 있어서 자신을 가릴 것이 별로 없는 실이 있죠.

다수의 길에 서면 다수와 다른 의견을 가지게 될 때마다 내려놓는 연습이 필요할 거예요. 소수의 길에 서면 그와 반대로 자기중심을 잘 세우는 연습이 필요할 거고요. 다수와 소수, 어느 길이 더 나은지, 더 맞는지를 따질 문제가 아니라 나에게 어떤 연습 과제가 주어졌는가를 봅니다.

수현 씨는 자기 안에서 스스로 자신을 부족하게 받아들이는 면을 봤습니다. 이제 사회에서 커다란 불씨가 날아와 무심코 반응하게 되더라도 다른 한쪽에서는 자기 안에 쌓인 마른 장작더미를 의식할 겁니다.

'아, 나도 나를 부족하게 바라보고 있네.'

이를 의식할 수 있다면 사람들에게 웃으며 이런 대응도 가능하겠지요.

"제가 좀 부족하지요!"

오히려 이런 태도가 그를 부족하지 않고 그저 다른 사람으로 보이도록 해줍니다. 역설적이어서 재미있죠.

아니면 반대로 정신을 번쩍 차릴 수도 있어요.

'나는 부족하지 않아. 그런 소리를 하도 들어서 잠깐 정신줄을 놓을 뻔했네!'

이렇게 마음을 다잡으면서 편안해져도 괜찮겠지요.

더 나아가서 이런 마음도 함께 관찰하면 좋습니다.

'아, 내가 남들에게 이해받으려는 데에 상당히 집착하고 있구나.'

타인에게 이해받지 못해서 마음이 괴롭다면 이해받기를 기대했다는 뜻이겠죠. 이해를 할지 말지는 그 사람의 마음인데 내가 그것을 통제하고 싶어 했다는 말입니다. 너는 나를 이해해야 한다. 네가 나를 이해하지 않으면 나는 싫다. 내가 사는 방향이 옳다. 결국은 통제하려는 탐냄 때문에 괴로움이 시작됐고, 통제하지 못하기 때문에 성냄이 일어났습니다.

지금까지 연습 문제들로 성냄을 어떻게 대할지 구체적으로 알아봤습니다.

서로에게 짠한 마음이라도
_____ 가져요

승려 출신 철학자 툽텐 진파Thupten Jinpa의 『두려움 없는 마음』에 한국 뉴스 한 토막이 소개됐어요. 우리나라 이야기라서 반갑게 읽다가 실망하고 말았습니다. 한국 정부가 방과 후 개인 교습을 밤 10시까지로 제한한다고 하는데 어떤 수업은 12시까지도 이어진다는 사례를 소개하면서 '실로 무시무시한 이야기'라고 썼더군요.

한국의 교육 상황이 무시무시하다는 외부의 시선은 맞습니다. 다만 우리가 그 무시무시한 상황에 너무 익숙해져서 불감증에 걸리고 말았어요. 그 위험성이나 해악을 조금 떨어져서 숙고하기 어렵습니다. 툽텐 진파는 성과에 매달리다 보면 자신과 타인에 대한 자비심이 줄어든다고 이야기합니다. 바로 우리 사회가 치러야 할, 아니 지금도 치르고 있는 대가겠지요.

학교 공부를 밤 10시, 12시까지 해야 하는 이유는 '조금이라도 높은 성적'이라는 성과를 내기 위해서입니다. 성과에 지나치게 집착하면 성적을 잘 받든, 그렇지 않든 모두에게 불행의 씨앗이 되곤 하지요. 성과만이 판단 기준으로 자리 잡아서 자기 자신, 그리고 타인을 공격하는 데에 그 칼을 휘두릅니다.

아마 여러분도 학창 시절에 성적이 조금이라도 올랐을 때 자신이 누렸던 작은 영광을 기억할 것이고, 자신보다 성적이 낮은 친구들을 낮춰본 경험이 있을 겁니다. 혹은 성적이 형편없을 때 아주 많이 괴로웠던 기억, 자신을 하찮은 사람이라고 비하한 기억도 있을 테죠.

그런 마음 작용은 사회인이 된 지금도 이어지고 있지 않나요?

성과에 대한 집착은 타인에 대한 무감각과 성급함, 심지어 오만함으로 이어질 수 있다. 특히 상대방이 내가 생각하는 기준에 미치지 못한다고 생각할 때는 그런 경향이 더욱 심해진다.

– 툽텐 진파의 『두려움 없는 마음』 중에서

우리는 어릴 때부터 성과에 따라 타인을 판단하고 내가 판단당하는 일에 익숙합니다. 그 대가로 자신은 물론이고 타인에 대해서도 무자비하게 굴어요. 내 기가 죽거나 상대의 기를 죽이거나, 내가 오만해지거나 상대가 나를 얕잡거나…… 이런 잔혹한 감정 게임에 빠져 있기 쉽습니다.

내가 일을 잘하면 일에 서툰 사람의 인격까지 무시합니다. 내가 공부를 잘하면 성적이 낮은 친구를 깔봅니다. 내가 좋은 집에 살면 그렇지 않은 사람을 업신여깁니다. 성과에 집착하는 사회일수록 구성원들의 그런 성향은 더욱더 심해집니다.

우리가 마음을 제대로 공부하지 않으면 내 안의 마른 장작과 사회에서 거세게 타오르는 불길이 만나서 언제나 화염에 휩싸여 있을 거예요.

이렇게 사회구조적으로 강화되어온 성냄은 어떻게 하면 좋을까요?

1등이 다 가져가는 규칙 때문에 경쟁이 심화됐다면 그 규칙을 다시 만들어야 하죠. 그러려면 다수가 함께 투쟁해야 합니다. 그런데 안타깝게도 이렇게 함께하는 투쟁보다는 개인적인 투쟁(내가 더욱 노력해서 위에 서기)에 몰두하고 말죠. 그렇게 경쟁 시스템이 더욱 공고해지는 데에 나도 일조합니다. 사실 성을 꼭 내야 한다면 여기에 내야 할 거예요.

자, 씁쓸하지만 여기서는 최소한의 방편을 찾아봅시다.

붓다는 성난 마음은 자비심으로 고칠 수 있다고 봤어요. 그런데 자비심은 너무 큰 가치니까 그 수준을 확 낮춰보겠습니다.

드라마 〈오징어 게임〉을 보니 승자는 딱 한 명, 그런데 승자마저 패자가 되고 말더군요. 이 잔혹한 게임에서 너도 나처럼 말로 뛰어들었구나, 하고 상대를 짠하게 여기는 마음이 범부중생이 이해할 수 있는 자비심 같습니다. 자비심의 참뜻을 여기에 가져다 대는 건 몹시 부끄러운 일이지만, 내 민낯이 그러한 걸요.

다 함께 이 게임에서 기꺼이 벗어나는 게 가장 좋습니다. 다만 그러려면 게임의 룰을 바꾸는 데 작게라도 목소리를 내야해요. 관련 정당에 투표하기와 관련 단체에 기부하기가 작은행동이 되겠지요. 혹시 아직 그 정도로 마음의 여유가 없다면차선으로 서로에게 짠한 마음이라도 가져요. 짠한 마음으로 연결되는 느슨한 연대를 기다립니다.

너도 나도 억울하지 않기

내가 이 정도로 일하고 요만큼 벌어서 먹고사는 건 나보다 더 많이 일하고도 훨씬 조금밖에 못 버는 사람들 덕분임을 이해해 봅니다. 자본주의 경쟁 사회에서는 구조적으로 내가 착취당하는 이상으로 다른 사람을 착취하며 살아가게 됩니다.

여기에 부연이 필요한가요? 이에 대해서 우리는 한쪽 눈을 질끈 감고 살아요.

내가 억울하고 분할 때는 나보다 조건이 안 좋은 사람은 얼마나 더 억울하고 분할까를 생각해봅니다. 내가 건강하고 행복하기를 바라듯이 다른 사람도 건강하고 행복하기를 바라고 있음을 생각해봅니다.

거기에서 더 나아가서 아주 잠깐이라도 그런 생각들을 가슴으

로 느껴보면 좋아요. 여유가 된다면 어딘가에 작은 후원을 보태
도 좋겠지요.

부끄럽지만, 이 정도가 거칠고 잔혹해진 마음의 불길을 잠깐이
라도 누그러뜨리는 최소치의 마음입니다.

내 표정이
──────── 어떻다고?

"표정이 왜 그래?"

스무 살 때 같은 학과 친구가 저를 나무라면서 이렇게 이야기했습니다. 신발 가게에서 점원이 다른 신발을 가지러 간 사이에 들은 말이었어요. 친구가 신발을 사는데 저는 옆에 서 있었고, 점원이 신겨주고 벗겨주고 했거든요.

"내 표정이 어땠는데?"

저는 굉장히 멀뚱했습니다. 친구는 제가 점원을 무시하는 표정으로 "이 색깔 말고 저게 어때? 저 색깔도 친구 발 치수가 있어요?"라고 말했다더군요. 무척 억울했어요. 그런 의도는 전혀 없었거든요.

"내가 그랬어? 내가?"

그때 저도 카페에서 아르바이트를 했기 때문에 서비스하는 일의 고단함을 잘 알고 있었어요. 그런 내가 왜 내 또래의 점원을 무시해? 말도 안 된다고 생각하면서 그렇게 이야기한 친구가 이상하다고 입을 삐죽거렸습니다.

그렇게 스무 살 때부터 본격적으로 사회 속의 나를 확인하고 조정해가기 시작했습니다. 그때는 친구의 지적에 억울해하면서 강하게 부인했지만, 그 뒤에도 사회생활을 하면서 제 기억에는 '표정이 왜 그러느냐'는 핀잔인지, 놀림인지를 대여섯 번 정도 더 경험했어요.

그때마다 불쾌한 감정이 너무 드러났다는 이야기였는데 번번이 억울했습니다. 마음을 못 감추고 표정에서 드러났다면 부끄러울 텐데, 제게는 그럴 의도가 대개는 없었거든요.

'도대체 내 표정이 어땠다는 거야?'

사람들은 대부분 무심하게 있을 때 표정이 밝지 않아요. 화가 난 것처럼 쌀쌀맞아 보이고, 매섭기도 하죠. 저 또한 그러합니다. 가만 생각해보면 저도 그러면서 남들의 그런 표정에는 기분이 상합니다. 저 사람에게 어떤 안 좋은 의도가 분명히 있었다고 믿어요.

'어머, 나를 무시하나 봐.'

'왜 저렇게 쳐다보지?'

어떤 말, 어떤 표정, 어떤 행동은 별다른 의도를 가지지 않아도 타인에게 상처를 줍니다. 그런데도 나는 그렇게 무심코 타인에게 상처를 준 일이 없다고 생각해요. 그저 상처를 받은 기억만 고이 간직하며 살아요. 우리는 정말 자기밖에 모르나 봅니다.

남들한테 크게 잘못한 것 없이 살아왔다고 당당한 태도를 보이는 사람도 명상하다 보면 그동안 잊고 있었거나 미처 몰랐던 자신의 과오를 발견하고 눈물까지 흘리기도 합니다. 무척 자연스러운 일이에요. 저한테도 여기에 털어놓기 싫은, 평생 다른 사람들은 몰랐으면 싶은 일화가 많아요.

그런 기억들은 마음이 많이 가라앉아야 하나씩 드러납니다. 일상에서 벗어나 나를 돌아보는 시간을 충분히 가지면 비로소 내 안에 잠재된 기억 중에서 정화해야 하는 것들이 둥둥 떠올라요. 그럴 때는 참회할 수밖에 없구나, 하고 마음으로 무릎을 꿇습니다.

그럴 때는 진심으로 '나는 정말 모자란 존재이고, 턱없이 오만했습니다. 그 사람한테 참 미안합니다' 하는 마음이 올라옵니다.

그 사람한테 직접 가서 말한 것도 아니고, 이제 볼 일도 없는 사람이라서 순전히 내 안에서 일어난 일일 뿐이지만, 그러고 나면 마음이 좀 홀가분해집니다. 그 일 때문에 마음이 무거웠는지도 모른 채 살았는데, 단지 내 기억의 일부를 바르게 펼쳐서 스스로 참회한 것뿐인데 마음이 가벼워져요. 조금 맑아진 기분이 듭니다. 이제 비슷한 상황에 처할 때 그러지 말아야지, 하는 이로운 다짐도 합니다. 참 신기해요.

특별히 악한 사람이 아니어도 우리는 별다른 의도 없이 주변 사람들에게 상처를 줄 수 있어요. 불행인지 다행인지 그런 일은 잊혀서 기억조차 나지 않습니다. 내 기억의 저장고에는 내가 상처받은 기억이 나 위주로 왜곡되어 잔뜩 들어 있거든요. 알게 모르게 내가 준 상처들을 짚어보고 반성의 시간을 가지면 일상에서 끊임없이 치미는 성냄이 조금 줄어들어요. 당장의 성냄이 줄지는 않지만, 성냄이 일어날 내적 조건이 조금씩 변화합니다.

상처를 준 사람에게 찾아가서 그때 내가 미안했다고 직접 사과하지 못하더라도 내 기억과 앞으로의 마음 씀씀이에 큰 도움이 될 겁니다.

상처를 줬다면 스스로 참회하기

세상에서 나밖에 몰랐으면 싶은, 내가 누군가에게 잘못한 일을 더듬어봅니다. 그때 벌어진 일을 세세하게 떠올리기보다는 그 일로 피해를 입은 사람의 마음을 가만히 느껴봅니다. 이어서 그 사람이 내 앞에 있는 듯 미안한 마음을 진심으로 전합니다.

아무도 듣지 않기 때문에 솔직하게 말할 수 있고, 길게 말해도 괜찮습니다. 그가 받았을 아픔도 공감해봅니다. 충분히 그 마음과 하나가 되어 머뭅니다.

세상에서
_____ 가장 우아한 화해

어머니의 친구 남편분이 지난해에 급성 위암으로 세상을 떠났습니다. 어머니는 그 친구 이야기를 종종 하곤 했지요.

"걔 남편은 정말 고집불통에 성질이 고약해."

남편과 정이라고는 하나 없이 삼십 몇 해를 산 이야기 중에는 참 딱한 것이 많았지요. 그런데 그토록 아내를 힘들게 했다던 그 남편분은 평소에 병원이라면 치를 떨면서 "아프면 죽고 말지!" 하며 절대 병원에 가지 않는 삶의 원칙을 가지고 있었대요. 그러다가 지난 연말에 속이 자꾸 쓰려서 위내시경을 받았는데 본인만 모르고 가족들은 살날이 채 석 달도 남지 않았다는 사실을 알았지요.

"남편분한테 맛있는 음식을 많이 만들어주세요."

의사 선생님은 병원에서 더 치료해줄 것이 없다면서 바로 퇴원시켰고, 이후 한 달도 못 되어서 남편분은 밥도 제대로 먹지 못했지요. 그러다가 너무 아파서 다시 입원했고, 일주일 만에 돌아가셨어요.

그렇게 다시 입원했을 때 의사 선생님이 "이번 주를 넘기시지 못할 겁니다"라고 말했는데 가족들은 일주일을 남겨놓고 고민에 빠졌습니다. 그 사실을 본인에게 말할 것이냐 말 것이냐를 놓고 설전이 오갔어요.

그 남편분이 워낙에 성질이 불같아서 자신이 곧 죽는다는 이야기를 들으면 그날 바로 돌아가실 것 같다는 결론이 났고, 그래서 가족들은 심해진 위병만 조금 치료하고 나서 퇴원한다고 이야기했답니다.

입원한 처음 삼사 일 동안 여러 사람이 오갔습니다. 이십 년 넘게 연락을 끊고 지낸 남편의 형제들, 몇몇 해병대 술친구가 왔대요. 살면서 생긴 응어리를 푸는 시간이었고, 병문안 온 손님들은 다들 "얼른 퇴원해야지" 하고 말하면서 돌아갔습니다.

그 며칠간 어머니 친구는 남편과 둘만 있을 때 고개를 돌린 채 여러 번 이렇게 말했다고 합니다.

"내가 할 이야기가 있어…….."

몇 번이나 이렇게 말문을 열었지만, 어머니 친구는 "당신 곧 죽어"라고는 끝내 말하지 못했어요.

장례를 치르고 난 뒤에 가족들은 환자가 끝까지 자신이 죽는다는 사실을 모르고 갔다고 했어요. 하지만 왠지 그렇게 자존심이 세고 과묵한 성격의 사람이라면 스스로 알았다고 하더라도 그에 대해서 딱히 이야기하지 않았을 것 같아요.

내내 원수처럼 지내온 형제들, 연락이 뜸했던 친구들이 찾아와서 먼저 미안했다고 사과하는 모습, 또 아내가 "할 이야기가 있어"라고 몇 번이나 말을 꺼냈다가 마는 모습을 보면서 충분히 직감하지 않았을까요.

어머니 친구는 어머니 표현에 따르면 '정이라고는 하나 없는' 남편의 특별한 유언도 듣지 못했다고 합니다. 하지만 선물 같은 말을 받았더군요. 죽기 사흘 전에 벼르다가 남편의 상태를 보아하니 곧 의식을 놓을 것 같아서 이렇게 말했다고 해요. 마침 단둘이 있을 때였대요.

"지금부터 내가 하는 말을 따라 해봐. '나는 마누라한테 고생만 시키고 잘한 것도 없다.'"

남편분은 이미 기력이 매우 쇠했지만(그다음 날부터는 말을 거의 하지 못했다고 합니다), 아내가 하는 말을 아주 작은 목소리로 한 자 한 자 천천히 따라 했다고 합니다.

"나, 는, 마, 누, 라, 한, 테, 고, 생, 만, 시, 키, 고, 잘, 한, 것, 도, 없, 다."

어머니 친구는 여기에 한마디를 더하게 했지요.

"그렇지만 나는 김○○을 사랑한다."

"그, 렇, 지, 만, 나, 는, 김, ○, ○, 을, 사, 랑, 한, 다."

어머니 친구는 평생 사랑은커녕 남편에게 미안하다는 소리도 한 번 못 들어봤다고 합니다. 그런 사람의 성격에 맞추어 매우 지혜로운 방법으로 남편이 자존심 때문에 하고 싶어도 차마 하지 못할 말을 죽기 전에 대신 하게 했어요. 게다가 그것은 평생 남편의 따듯한 사랑을 받아보지 못한 자신을 안아주는 말이었지요.

"나는 마누라한테 고생만 시키고 잘한 것도 없다. 그렇지만 나는 김○○을 사랑한다"라고 남편이 힘겹게 따라 해간 말이 남편을 미워하고 원망한 시간, 내내 억울했던 마음, 자신에 대한 연민, 이 모든 것과 더불어 아내의 마지막 한까지 씻어줬답니다. 아마도 마지막 길을 가는 남편 자신에게도 큰 위로가 되었을 것 같아요.

평생에 걸쳐 쌓아온 성냄을 이토록 우아하고 아름답게 해소한 일화를 가까이서 처음 봤습니다. 내가 누구를 용서한다는 것은 유죄, 무죄를 나누고 피해자, 가해자를 나누는 일입니다. 우리가 바라는 건 오히려 그쪽이죠.

그런데 연민으로 바라본다는 것은 누구나 다 같은 마음이라고 전제합니다. 행복을 원하고 고통은 피하고 싶어 하는 존재라는 면에서 그와 나는 같아요. 또 오류나 모순을 필연적으로 품고서 내 나름대로 좋은 선택을 하려고 애쓰며 산다는 면에서도 그와 나는 같습니다. 한마디로 우리는 딱한 존재들입니다.

연민 속에서 우리는 하나로 녹아내립니다. 참으로 어려운 이야기인 줄 알면서도 조심스럽게 꺼내봅니다. 연민을 가지고 대화를 할 수 있다면 참 좋겠습니다. 자신과, 그리고 가까운 이와.

고마운 기억 꺼내기

지금 생각해도 정말 고마운 사람을 떠올려봅니다. 그 사람이 나에게 무슨 고마운 일을 해줬는지, 그때 내 마음은 어떠했는지 그 시절로 지금의 자신을 데려갑니다. 그의 무엇이 나를 감동하게 했는지 잠시 멈추고 돌아봐요. 또 다른 고마운 사람과의 일이 떠오른다면 그 기억 또한 충분히 음미합니다.

그러면 내가 얼마나 따뜻한 기억들을 가졌는지, 그런 경험들이 나에게 얼마나 큰 힘이 되어줬는지 깨달을 수 있습니다. 그 덕분에 내가 지금까지 용감하게 버티면서 이렇게 잘 살아왔으므로 삶 자체에도 감사한 마음을 보냅니다.

×

6장

내가 나를 괴롭히지 않으려면

—

'무아'의 진리에 대한 마음챙김

평생 인간의 문제에 관심을 가졌는데 궁극적으로 해줄 수 있는 조언이
"좀 더 친절해지세요!" 말고는 더 없다는 것을 깨달으니 좀 당혹스럽다.

– 올더스 레너드 헉슬리Aldous Leonard Huxley

내가 아닌 것
─────── 같아요

  알베르 카뮈Albert Camus는 『시시포스 신화』에서 "참으로 진지한 철학적 문제는 오직 하나뿐이다. 그것은 자살이다"라고 말했죠. 카뮈는 '인생은 과연 살 가치가 있는가, 없는가?'가 근본적인 질문이라고 했습니다. 나는 살 가치가 있나 없나? 왜 살지? 이런 질문에 빠져본 적 있나요?

  왜 사나요?

  왜 살죠?

  수행자들은 왜 사는지 아나요?

  사실 수행자들도 잘 모릅니다.

  다만 그 질문 자체가 옳지 않다는 건 분명히 알고 있어요. 이미 존재하고 있는데 왜 존재하느냐고 묻는 것은 인위적인 죽음으로 이어질 수 있는 질문이기 때문이에요. 훌륭한 철학자도 왜 사는지 묻긴 하지만 결국 어떻게 살 것인가로 논지를 전개합니다. 우리는 존재하는 한, 살 뿐이죠.

그런데 이런 사유 방식은 과학자들과 똑같습니다.

> 과학은 '왜why'가 아닌 '어떻게how'를 묻는다. 즉 우리는 어떻게 존재하는가? 재미있는 것은 '어떻게'를 계속 묻다 보면 점점 '왜'에 가까워진다는 사실이다.
>
> —박권의 『일어날 일은 일어난다』 중에서

수행자들도 탐구의 초점을 '어떻게 존재하는가'에 두는데, 과학자들과 다른 점은 '왜 사는가'라는 질문이 왜 나왔는지부터 먼저 짚어봅니다. 그것은 나를 모르기 때문에 나오는 질문이라는 결론에 도달합니다. 그래서 '나는 누구인가'를 질문하면서 탐구해 들어가요.

자, 나는 누구인가요?

대부분은 이렇게 답해요.

"나는 나지."

많은 사람이 마치 '나'는 물을 필요조차 없이 잘 아는 존재라고 생각해요. 그런데 명상 시간에 실제로 거울 앞에서 삼 분만 혼자 조용히 자신을 바라보라고 하면 대개가 "내가 낯설어 보여요"라고 답합니다. 명상 중에 자신을 머릿속에 떠올려보라고 해도 타인을 떠올릴 때와는 다른 느낌을 받아요.

"내가 아닌 것 같아요."

왜 그럴까요?

실은 나는 나에게 굉장히 낯선 존재입니다. 24시간 밀착해 있는데 낯선 존재니까 두렵습니다. 두려움은 대상을 잘 파악하지 못할 때 생기는 감정이거든요.

요가 이론에서는 나를 모르는 것을 영적인 긴장으로 설명합니다.

요가 이론에 따르면 인간은 세 측면에서 긴장합니다. 하나는 몸의 긴장이요, 다른 하나는 욕망과 생각 때문에 일어나는 심리적 긴장입니다. 마지막 하나가 나를 모르는 무지에서 오는 영적 긴장이에요.

요가는 이 세 측면의 긴장을 알아차리고 이완하는 것을 목표합니다.

몸의 긴장은 요가 동작으로 해결합니다. 심리적인 긴장은 자꾸 무엇이든 탐하는 욕망, 그리고 후회나 걱정 등을 부르는 생각을 알아차리고 내려놓는 연습으로 해결합니다. 그런데 인간 본연의, 아니 살아 있다는 혼란스러움, 우주에 덩그러니 남겨진 것 같은 당황스러움은 몸의 긴장 혹은 심리적인 긴장을 해소하는 방법만으로 해결하기 어렵습니다.

몸과 마음이 이완되면 영적인 긴장이 드러납니다. 요기yogi들은 수련이 깊어져 몸과 마음이 이완되어갈수록 이 새로운 긴장을 만나는데 매우 모호하게 다가오므로 방황할 수 있어요. 영적인 긴장을 발견하면 나를 모른다는 사실을 인정한 후 나를 이해하기 위해 알아가려고 노력해야 점점 해소됩니다.

혹시 이런 이야기를 자주 하시나요?

나를 사랑하고 싶어요. 나를 사랑해야 하는데, 자존감을 높이려면 나를 사랑……

저는 예전에 이렇게 많이 생각했습니다. 그런데 여기에는 오류가 가득해요. 솔직히 내가 누구인데요? 나를 알지도 못하면서 무슨 사랑을 이야기하나요.

알아야 사랑도 합니다.

자존감, 사랑…… 이런 이야기는 허공꽃과 같아요.

자신을 잘 보면 잘 모른다는 사실을 알 수밖에 없어요. 나 자신을 잘 모르는데 더 나은 내가 되려는 생각이 얼마나 헛되고 허망한 망상인지도 알게 됩니다. 물론 머릿속에 더 멋진 나를 그려놓고 그것을 향해 간다고 믿으면 감정적으로는 즐겁습니다(거기에는 쾌락이 있어요. 미래를 탐하는 마음입니다).

그러나 오직 나 자신을 알아보고 이해하는 일, 해야 할 일이라면 그것밖에 없어요. 그저 마음 거울 앞에 서는 자기 대면, 자기 관찰이 필요한 거예요.

해는 동쪽에서
_____ 뜨잖아?

자, 나는 누구인가요?

나에 대해서 탐구하다 보면 뒤통수를 칠 만한 반전이 기다립니다. 그 유명한 '무아無我', '나는 없다'와 만나기 때문이에요.

뇌과학 연구는 '나'라는 인식은 "우리 뇌 속의 물질적인 기질에 의존"한다고 증명했어요. 쉽게 말해서 여기 '나'라는 의식 자체는 생각, 느낌, 인상, 정서 등 신경망의 구조와 활동을 통해 모아진 '정보의 패턴'일 뿐 그것을 주관하는 실체는 없다는 뜻이에요.

이는 붓다가 명상을 통해서 '나'는 고정된 실체가 아니라 감각기관이 알아낸 정보의 묶음에다가 '나'라는 이름을 붙인 데에 불과하다고 발견한 것과 정확히 일치합니다.

다만 '나' 혹은 '자아'의 실체가 없다는 말을 잘못 이해하면 곤란합니다.

"내 살과 뼈와 피, 내가 하는 생각, 내가 느끼는 감정…… 이 모든 게 생생한데 어째서 '나'가 없다는 거죠?"

물리적인 실체가 없다는 이야기가 아닙니다. 정확히는 '존재'는 몸과 정신의 결합으로, 일정한 조건에 따라 만들어진 현상으로서 변화해갈 뿐, '나'가 따로 있어서 그것을 관장하고 주체하지 않는다는 이야기입니다.

신경학적 관점에서 우리가 매일 느끼는 통합적 자아란 완전한 환상에 불과하다. 뚜렷하게 일관성 있고 확고한 '나'라는 개념은 사실은 발달 과정을 거치면서 여러 하부 및 그 하부의 하부의 하부 체계들이 만들어낸 것으로, 여기에는 어떤 분명한 중추도 없으며 '나'라는 개념은 근본적으로 희미하고 산만한 주관성의 경험을 통해 날조된 것이다.

－릭 핸슨과 리처드 멘디우스의 『붓다 브레인』 중에서

우리 뇌는 정보의 패턴을 묶어서 계속 '이것이 나'라면서 정체성이라는 환상을 끊임없이 만들고 있습니다. 유식학에서는 '제7식 자아의식'이라는 마음의 층위를 두어서 이를 설명해왔어요. 끊임없이 머릿속에서 '나'라는 확고부동한 존재가 모든 것을 주재한다고 조작하는 레이어가 있다는 겁니다.

예를 들어 길을 걸어가는데 발에 어떤 물질 하나가 툭 부딪혔다고 합시다. 오감을 통해 동그랗고 속이 차 있는 물질이 파악됩니다.

감각을 느끼면 즉각 무엇이라고 아는 게 아니고, 시각·청각·후각·미각·촉각으로 알아낸 정보를 통합해 구분하고 인식하는 단계를 거칩니다. 명상을 하면 오감 영역과 인식 영역이 나누어져 있음을 직접 관찰할 수 있어요.

인식이 처리되는 뇌 영역이 따로 있다는 점은 최근 뇌과학도 밝혔습니다. 오감의 정보가 통합되는 과정은 연합피질association cortex 혹은 연합영역association area이라는 뇌 부위에서 이루어집니다.

여기에서 동그랗고 속이 차 있는 물질에 대한 정보들(감각)을 종합해서 '돌'이라는 정의(인식)를 내립니다. 그런데 이때 돌이라는 인식에서 그치는 게 아니고, '작고 쓸모없는 돌'이라는 판단까지 덧붙입니다. 내가 걸려 넘어질 뻔한 돌, 못생긴 돌 등으로 판단하는 거죠.

이런 판단은 유식학의 관점에서 '나'라는 레이어가 개입하면서 생긴 인식이에요. 작다든가, 쓸모가 있다든가 없다든가는 모두 '나'의 관점에서 바라본 생각입니다. 그런데 재미있게도 우리 기억은 내 관점에서 돌을 보고 있다는 사실을 망각한 채 그 돌은 작고 쓸모없는 것이라고 확정적으로 저장합니다.

예로 든 게 돌이어서 그나마 이해가 쉽지만, 사람이나 성과나 사회현상이 그 자리에 들어가면 아주 많이 헷갈리고 어렵습니다. 언제나 '나'라는 창 안에서 해석한 판단을 사실화해서 기억해요. '나'라는 창이 개입됐다는 사실은 쏙 빼버리고 말이에요.

우리 중 누구도 천동설을 믿지 않지만, "오늘도 해가 동쪽에서 떴네" 하고 지구의 나를 중심으로 해가 돈다는 걸 '체감'하고 삽니다. 마찬가지로 자아의 허구성이 이론으로 충분히 설명돼도 우리는 자아를 여전히 '체감'합니다. 아니, 자아의 존재를 한시도 부정하지 않아요.

밥을 먹어도 내가 먹고, 길을 가도 내가 가고, 생각을 해도 내가 하고, 화를 내도 내가 낸다고 생각합니다. 그래서 수행자들은 열심히 수행하여 이론으로만 알던, 이 자아가 허구임을 체감으로 분명히 알려고 하죠.

체감이라는 표현은 한 번 경험한다는 뜻이 아니에요. 또 한 때 경험한 적이 있다는 뜻도 아닙니다. 일상에서 체험들이 겹쳐져 체화되는 과정을 목표로 해요.

아주 쉽게 풀어서 이야기하면 일상에서 계속 만나는 에고의 작용을 알아보고, 이 '나'라는 그물에 걸려들지 않도록 깨어 있으려고 합니다.

여전히 우리는 나를 중심에 세워놓고 왜곡해서 보는 것에 더 익숙하고, 그게 더 재미있기도 해요. 어쩌면 우리에게 무아 이야기는 태양보다 더 멀리 있을지도 모릅니다. 그렇지만 천동설을 적어도 믿지는 않듯이 자아 중심설을 믿지는 말아야 해요.

왜 그래야 하죠?

진리를 보기 위해서요? 그런 거대한 목표보다는 우선은 매우 실용적인 목표에서요. '나'라는 창으로 왜곡하여 세상을 보는 데서 괴로움이 생겨나기 때문에 '나'를 놓는 연습을 해보자는 겁니다.

'행복' 때문에
＿＿＿＿＿ 불행해진다니

　산사에서 어스름한 저녁에 걷기 명상을 하고 있었습니다. 저 앞에 하얀 물체가 보였는데 그 순간 '고양이구나'라는 생각이 일어났습니다.

　하얀 물체를 보기 조금 전에 개가 지나갔는데 그 개와 연관하여 고양이가 떠오른 것이었어요. 만약 조금 전에 본 것이 배추였다면 하얀 물체를 무로 생각했으리라는 걸 알았습니다(실제로 그것은 하얀 자루였습니다).

　하얀 물체를 보고 '고양이다, 무다, 자루다' 하고 아는 작용을 팔리어로 '산냐saññā'라고 합니다. 한자 문화권에서는 이를 '상想'으로 번역하고, 영어로는 '퍼셉션perception'으로 번역합니다. 그런데 붓다는 이를 일러서 '신기루'라고 표현했어요.

지각, 인식이 신기루라고?

고양이나 무로 잘못 봤든, 자루를 자루로 바로 봤든 그렇게 인식하는 자체가 신기루라는 겁니다. 신기루는 어떤 특징이 있나요? 꼭 진짜 같은데, 눈에도 훤히 잘 보이는데 실재하지 않습니다.

아니, 방금 본 자루가 실재하지 않는다는 말일까요?

아니요. 자루는 있습니다. 다만 자루라는 인식은 실재하지 않습니다. "개는 짖어도 개라는 개념은 짖지 않는다"라는 유명한 철학적 명제와 연결되는 이야기입니다. 조금 어려운 이야기지요?

이 원리를 잘못 이해하면 이렇게 되고 말아요.

지금 네 눈에 들어오는 것은 다 헛것이야. 머릿속 관념도 다 헛것이야. 깨달은 자의 눈에는 다 헛것일 뿐이야. 고양이도 없고, 무도 없고, 자루도 없어. 그저 다 '무無'야. 이렇게 아무런 설명 없이 이야기하면 뭔가 신비롭고 재미있기는 해도 과학 하는 태도는 아닙니다.

아마 불교가 형이상학적이고 현실과 유리된 가르침이라는 오해를 산 까닭에도 이런 이해 방식이 영향을 끼친 것 같아요.

'고양이다, 무다, 자루다' 하는 인식을 신기루라고 표현한 이유는 이렇습니다. 우리는 서로 편하게 소통하려고 이렇게 생긴 것은 고양이, 그렇게 생긴 것은 무, 저렇게 생긴 것은 자루라고 같은 특징을 가진 것들을 묶어서 이름을 붙여놓았어요. 이는 개념화 작업이라고 할 수 있습니다.

그런데 이름을 붙여놓은 개념은 실재와는 다릅니다.

하얀 물체를 보면서 '고양이네, 무네, 자루네'라고 판단하는 내 머릿속 인식은 신기루예요. 신기루라는 말처럼 실재하는 것 같은데 실재하지 않아요. 단지 편의상 붙인 개념일 뿐이라는 말입니다.

고양이나 무나 자루일 때는 실재니 개념이니 하는 이 원리가 중요해 보이지도 않고, 하나도 어렵지 않아요. 그런데 삶에서는 실재와 개념이 다르고, 개념은 신기루라는 것을 이해하지 못해서 괴로움을 겪어요.

예를 들면 행복이라는 개념 때문에 지금 내 생활에서 불행을 느끼고요. 부자라는 개념 때문에 가난을 느낍니다. 실재하지 않는 신기루에 사로잡혀서 괴로워해요. 편의상 붙인 개념을 실재하는 것으로 믿어서 괴롭지 않아도 될 일에 괴로워한다는 뜻입니다.

지금 방 안에 있는 나의 실재는 이렇습니다. 나의 몸 상태는 이러저러하고, 생각과 감정은 이러저러하게 오락가락하며 존재합니다. 이것이 실재입니다. 그런데 '나는 지금 행복하지 않아. 어릴 때도 행복을 느껴본 적이 없어. 행복이 내게도 올까?'라는 식으로, 행복이라는 실체가 어딘가에 있는 것처럼 믿으며 신기루 속에서 헤맵니다. 여기에 허구인 에고를 붙잡고 우울함을 느껴요.

　인간의 이 같은 인식 방식(실재를 바로 보지 못한 채 개념으로 인식하며, 그 개념이 실재한다고 믿는 착각) 때문에 늘 괴로움이 생겨나요.

　"나도 좀 행복하게 살고 싶어!"

　이런 생각이 일어날 때 머릿속 행복이라는 개념에 걸려서 붙잡히지 말고, 지금 내 몸과 마음의 상태를 가만히 살펴야 불행한 느낌에서 더 빨리 벗어날 수 있어요.

　지금 눈앞에 펼쳐진 삶을 보라. 개념으로 만들어진 생각 속에서 살지 마라. 개념을 가지고 내가 나를 괴롭힌다는 것을, 서로 싸우면서 상처받고 있다는 것을 알아차려라. 실재를 경험하라. 이런 깨우침을 얻으려고 도대체 인간이 어떤 방식으로 인식하는지 그 과정을 알아본 겁니다.

형이상학적인 주제 같지만, 지극히 실용적으로 활용할 수 있기 때문에 간단히 살펴봤어요. 짧게 한 줄로 정리하자면, 부디 생각에 속지 마세요!

과연 생각은
_____ 내가 하는 것일까?

인간의 인식 작용은 불완전해서 믿을 게 못 된다는 이야기를 지금 계속하고 있습니다.

제가 걷기 명상 중에 하얀 물체를 보면서 '고양이구나' 하는 생각이 일어났다고 했지요? 그 순간에 저는 무척 놀랐습니다. 생각을 내가 먼저 일으켜서 하는 게 아니고, 어떤 조건에 따라 일어난다는 사실을 발견했기 때문입니다.

그 조금 전에 지나간 개를 봤기 때문에 그 개와 연관 항목인 고양이가 떠오른 것이었지, 제가 고양이 같다고 떠올린 것이 아니었습니다.

마음의 작용을 관찰해보면 어떤 시공간에서 무엇과 접촉 중이었나, 그동안 어떤 정보들과 접촉하면서 살아왔느냐에 따라 지금의 인식과 판단 범위가 결정됩니다.

그 뒤에도 제 생각이 일어나는 과정을 촘촘히 관찰해보니 전부 이와 같았습니다. 그러니까 생각은 내가 이렇게 저렇게 일으키는 게 아니라, 혹은 이 생각 저 생각이 저절로 일어나는 게 아니라 철저히 인풋(감각 접촉을 통한 정보들)에 따른 아웃풋(그 정보들과 관련된 카테고리의 다양한 키워드들)이라는 인과 속에서 전개되고, 거기에 주의를 두어야 이를 인식할 수 있습니다.

지금 제가 유튜브 앱을 열어보면 첫 화면에 여러 영상들이 떠 있을 테지요. 그 영상들은 제 스마트폰에 모두 들어 있다가 일제히 나타나는 게 아닙니다. 또 이런저런 영상을 선별해서 이렇게 저렇게 띄워야지 결정한 대로 '제가 띄운' 것도 아닙니다. 그동안 제가 주의를 기울여온 대로, 즉 지금까지 제가 클릭해온 경향성에 따라, 그리고 유튜브의 알고리즘 설정값에 영향을 받아 실시간으로 관련 영상들이 배열될 뿐이죠.

생각의 생성과 나열 과정도 꼭 이와 같았습니다. 그것을 발견하기 전에는 내가 생각하고, 내가 생각을 떠올리고, 생각하는 주체가 '나'라고 믿었습니다. 마치 유튜브의 첫 화면을 실시간으로 내가 배열하고 있어, AI는 내 명령을 따르고 있어, 라고 믿는 것처럼 말이죠.

앞에서 자아의 허구성을 이야기했는데, 생각이 일어나고 사라지는 것을 관찰하면서 '나'라는 주체가 있다는 생각은 착각임을 더욱 분명히 인지했습니다. 생각은 내가 일으켜서 하는 게 아니라는 발견을 하고서 혼자 미친 사람처럼 "아! 아! 오! 오!" 하고 얼마나 감탄사를 내뱉었는지 모릅니다. 이제껏 이걸 왜 몰랐을까, 정말 그러네, 하는 발견의 기쁨에서요(이는 수행하면 누구나 발견하게 되는 사실일 뿐입니다).

제 번뇌에는 생각에 대한 집착이 크게 똬리를 틀고 있습니다. 생각을 정교하게 다듬고 그것을 내 것이라고 붙드는 마음, 즉 탐냄이 아주 많이 작용합니다. 생각을 내 것이라고 여기기 때문에 누군가 나와 비슷한 생각을 이야기하면 '어, 내가 먼저 생각한 건데?' 하면서 마치 내 것을 뺏긴 듯 기분이 상합니다.

또 내 생각이 옳다는 마음이 강할 때는 그 생각을 지키기 위해서 남들과 싸우려 듭니다. 아니면 속으로라도 혼자 싸웁니다. 그 생각은 내 것이니까요. 그 옳기까지 한 내 것을 두고서 누가 뭐라고 말을 보태는 게 싫으니까요.

저는 이렇게 '내가 한 내 생각, 내 생각은 옳은 생각'이라는 그물에 걸릴 때가 많아요. 그건 유튜브 첫 화면을 보고 '이 영상들은 내가 진열한 거야, 그러니까 이 영상들은 내 것이야'라고 주장하는 것만큼 어리석은 일입니다.

그래서 '생각은 내가 하는 것이 아님'을 자각하게 된 첫 기억이 제게는 아주 소중합니다. 그 일은 생각이 내 것이라는 집착이 일어날 때마다 자주 되새겨야 할 기억입니다.

에고의
_____ 끈질긴 유혹

명상 콘퍼런스에서 참가자가 한 심리학자에게 질문을 던졌어요. 그 심리학자는 명상이 긍정적인 심리에 큰 영향을 미친다는 걸 연구하여 세계적으로 저명해진 분입니다.

"선생님께서는 명상을 매일 하시나요?"

이 질문에 그는 매우 짧게 대답하더군요.

"매일은 아니에요."

저는 이 대답에 웃고 말았습니다.

그 심리학자가 자신은 수행자가 아니라 학자임을 축약해 답변한 것이라고 생각했습니다. 아마도 어디를 가든 같은 질문을 하는 사람들이 있었겠지요. 명상이 그처럼 긍정적인 심리에 효과적이라는 걸 연구하는 사람이라면 당연히 본인은 알아서 명상을 잘하고 있겠지, 사람들은 꼭 그렇게 생각하며 궁금해하잖아요. 그런데 그는 선을 명확히 그었습니다.

불교는 종교가 아닌 심리학이라고들 이야기합니다. 철학이라고도 하죠. 그런데 심리학이나 철학과는 차이가 있습니다. 심리학자와 철학자는 심리와 사유의 전문가이지, 자기 마음의 전문가가 아닙니다. 그 차이를 아시겠어요?

앞에서 이야기했듯이 뇌과학자들은 '자아는 뇌의 작용이 만들어낸 환상일 뿐'임을 알아냈습니다. 그것은 붓다가 괴로움을 소멸하는 방법으로 이야기한 '무아'와 동일한 이야기입니다. 그런데 그것을 알아낸 과학자들이 자기 인생에서 생기는 모든 괴로움에서 완전히 벗어난 것 같지는 않습니다.

같은 결론에 이르렀는데도 과학자들이 괴로움에서 벗어나지 못한 이유는 무엇일까요? 그들은 자신을 쏙 뺀 채 뇌와 인지, 신경계와 신체 반응 같은 객관적 세계를 탐구해야 한다고 여깁니다. 학자로서는 권장되는 태도이지요.

만약 실제 자기 마음이 어떻게 움직이는지 분석해보니 자아를 끈질기게 의식하면서 만들어내는 습관이 정말 많더라, 그런 습관을 극복하려고 이렇게 수행했더니 저런 면이 달라지더라,

그 과정에서는 이런 난관을 맞닥뜨리게 되더라…… 같은 자기 탐구를 병행했더라면 과학자로서의 업적과 함께 깨달음까지 얻을 수 있을 겁니다.

지금 수행하지 않는 학자들이 잘못을 저지르고 있다는 이야기를 하는 게 아닙니다. 실제 내 인생에서 지혜를 얻는 일은 지혜에 관한 지식을 얻는 일과 다르다는 사실을 말하려는 거예요. 지혜에 대한 지식은 지혜를 얻는 데 큰 도움이 됩니다. 다만 지혜에 대한 지식은 실제 지혜와는 다른 별개입니다.

자기분석을 잘해서 자신에 대한 지적 이해를 가지는 일은 수행이 아닙니다. 단지 수행의 전초 작업일 뿐이죠.

저는 예전에 '알음알이를 내는 것'과 '지혜롭게 숙고하는 것'이 너무나 헷갈렸습니다. 지금도 제가 자주 빠지는 오류입니다.

'알음알이를 낸다'는 말을 들어보셨나요? 마음공부를 할 때 이 말은 좀 나쁜 의미로 쓰입니다. 체험해서 알려 하지 않고, 개념으로만 자꾸 이해하려는 끈질긴 욕망을 말합니다. 생각으로 먼저 알아냈을 때 그 찰나의 쾌감은 에고가 금세 가져갑니다.

'내가 알아냈어!'

나는 이런 것을 깨달았다고 깨달음마저 내 것으로 붙드는 집요한 탐냄이 작용합니다. 혹은 나는 그런 것을 깨달아서 반성했다고 그렇게 씻어낸 기분을 몸으로 느끼려는 탐냄도 따라붙죠. 이때 에고는 왕관을 두 개나 씁니다. 자기 과오를 잘 분석하고 그것을 충분히 느끼기까지 하는 사람, 즉 내가 뭔가 더 나은 사람이 되는 듯한 기분을 계속 느끼려 합니다.

'내가 더 나은 사람이 된 듯한 기분에 따라붙는 탐냄'이에요.

지혜로운 숙고를 하려면 그 유혹을 떨쳐내야 합니다. 그러지 않으면 지혜가 아니라 '지혜로운 나'라고 생각하는 에고가 점점 성장해요.

이런 에고의 유혹에서 벗어나기, 이것이 무아의 진리에 대한 마음챙김입니다.

내가 특별하지
———— 않다고요?

어느 배우가 토크쇼에 나와서 자신은 젊을 때 덜 먹고 꾸준히 운동하는 다이어트 방법을 믿지 않았다고 말했어요. 그 방법을 싫어하여 받아들이지 않을 수는 있는데, '믿지 않았다'라고 표현하는 데에서 호기심이 생겼습니다. 그 배우는 다른 방법이 분명 있을 것이라고 과학을 믿었다지요. 그래서 온갖 방법을 시도해보며 돈을 썼다고요.

짧은 성공과 긴 실패를 오가는 사이클에 지쳤을 무렵, 젊은 나이는 한참 지나버렸고 이제야 기본으로 돌아가야 한다는 걸 깨달았다고 합니다. 결론은 참으로 뻔하게 교훈적이지만, 그 배우가 기본을 '믿지 않았다'라고 한 표현은 무척 솔직하다고 느꼈습니다.

우리는 보통 늙으리라는 걸 알지만 믿지는 않으려 해요. 나도 불행할 수 있다는 건 알지만 막연하게 행복하리라고 믿어요. 재테크 공부를 하지 않으면 가난해진다는 걸 알지만 내가 가난해지리라고는 믿지 않습니다. 주변에서 모두 "그 사람과 결혼하면 힘들 거야"라고 말해도 '그가 처한 환경과 조건이 어렵다는 건 알지만……' 하고 생각하면서 내 마음이 힘들어질 거라고는 믿지 않아요.

말로는 '나도 알지만, 나도 아는데'라고 하는데 속마음에서는 '믿지 않아'라고 이야기할 겁니다. 왜 남들 눈에는 당연하게 예측되는 일조차 내 문제가 되면 믿지 않을까요?

나는 약간의 예외라고 믿기 때문이에요. 자신은 좀 특별한 경우로 예외적인 존재라고 우리는 남몰래 다 그렇게 생각합니다.

다른 말로 하면 자신은 예외라고 다들 생각한다는 면에서 예외가 아닙니다. 오히려 자신은 특별하지 않다고 생각해야 특별합니다. 이 말이 이해되시나요?

자신이 조금 다른 특별한 경우라고 여기는 일은 에고가 쉽게 취하는 태도예요.

암 판정을 받는 사람들에게 맨 먼저 떠오르는 생각이 이것입니다.

'왜 이런 일이 나한테!'

암 판정은 평균적으로 세 명 중 한 명이 받습니다. 암 검사 기술이 워낙 발전해서 앞으로는 이 비율도 더 높아질 거예요. 그렇다면 실제적으로는 '이제 나에게도 닥쳤구나'라고 해야 하는데 사람들은 '왜 나야?'라고 합니다.

만약 내가 정말로 특별하다면 어른들의 말과 경험자들의 조언을 훨씬 더 숙고할 겁니다. 진짜 특별한 사람들은 자신이 특별하지 않음을 잘 알고 있습니다. 그래서 언제든 일어날 수 있는 실수를 계속 연구하고 대비합니다.

업계 사람들이 인정하는 전문가들을 만나보면 공통점이 있어요. 그들의 인성이나 사생활까지 알 수는 없지만 적어도 자기 분야에서는 요행을 바라지 않고, 성실하며, 사람을 잘 믿지 않습니다.

이 특별한 세 가지 특징은 다 연결돼요. 요행을 바라지 않으니까 성실하고 사람을 잘 믿지 않죠. 우리는 대부분 요행을 좀 바라기 때문에 쉽게 흔들립니다. 성실하다가도 게으르고, 오락가락해요. 그리고 사람에게 기대하고, 또 기대려 합니다. 비록 사회적인 일에 한정되긴 하지만, 특별한 사람들을 보면서 저는 제 안에 있는 민낯의 마음을 많이 발견했습니다.

'내가 그런 일을 겪지는 않을 것 같은데…….'

'내가 하면 좀 다를 것 같은데…….'

'나는 안 그럴 것 같은데…….'

이렇게 저처럼 '나는 약간 예외'라는 생각이 도사리고 있다면 인지 편향을 연구하는 에릭 라 블랑슈Eric La Blanche의 말을 한번 경청해봅시다.

> 우리가 자기 성찰을 하려고 해도 인지 편향이 눈을 가려버린다. 이 점을 명심해야 한다. 그러므로 겸손한 태도를 지니고, 사실에 기반을 두어 판단하자. 그러고 나서 다시 한 번 사실 여부를 따져보고, 타인의 의견을 한 번 더 고려하여 받아들이려고 노력해야 한다. 내가 타인보다 훨씬 정직하다니 그럴 리가 없다!
>
> ─에릭 라 블랑슈의 『우리의 뇌는 왜 충고를 듣지 않을까?』 중에서

자신에 대한 무지를
＿＿＿＿＿ 진하게 드러내는 말

"나는 내일 죽어도 미련 없어."

이런 말을 하는 사람을 종종 봅니다. 저는 속으로 빙그레 웃습니다. 왜냐고요? 자신에 대한 무지를 드러내는 말이기 때문이에요. 그 사람이 잘못됐다는 게 아니라 자기 자신에 대해서 잘 모르고 있다는 뜻입니다.

내일 죽어도 미련이 없다고 말하다가도 갑자기 건물이 '쿵!' 소리와 함께 크게 흔들리면 "깜짝이야!" 하고 놀라면서 죽을 뻔했다고 가슴을 쓸어내릴 것입니다. 실제로 저는 비슷한 경험을 여러 번 했습니다. 최근에도 있었습니다.

수행 후에 모든 것을 비워냈으니 이제 '삶도 없고, 죽음도 없어!'라고 대자유의 마음을 품은 채 홀로 산길을 걷고 있었습니다. 그런데 발을 잘못 디뎌서 물컹한 땅속으로 발이 쑥 빠지자 등골이 오싹해졌습니다. 아마 뱀이 사는 구덩이였던 것 같아요.

저쪽으로 뱀이 지나가는 게 눈에 들어왔기 때문에 뱀들이 우글우글 몰려나오는 이미지가 갑자기 머릿속에 떠올랐고, 머리털까지 쭈뼛 곤두세우면서 거의 100미터 달리기를 하는 수준으로 산길을 뛰었습니다. 그러다가 갑자기 멈춰 서서 어이없는 웃음을 터트렸죠.

'방금 삶과 죽음이 없다며?'

아찔한 순간마다 죽으면 어떡하나, 다치면 어떡하나 하는 공포와 걱정에 사로잡혔습니다. 처음 단식할 때는 몸이 아니라, 며칠 안 먹으면 죽는 줄 아는 그 마음 하나 때문에 정말 괴로웠습니다. 안 먹어서 힘이 없을 뿐인데 그게 죽음의 두려움으로 바뀌는 건 일도 아니더군요.

심지어 수행한 직후에 가장 마음이 넓고 깊어졌다고 느낄 때조차 너무도 쉽게 '내가 죽으면 어떡하나' 하는 공포감에 휩싸였습니다. 생명체라면 위기의 순간이 닥쳤을 때 당연히 총력을 다해 모면해야 합니다. 그건 문제가 아니에요. 문제는, 그럴 때 내 마음이 커다란 공포와 걱정 속에서 순식간에 홀가분한 마음을 망각한다는 거예요.

머리로 아는 것과 기분으로 느끼는 것, 그리고 진정으로 아는 것은 완전히 다르다는 걸 또다시 깨달았습니다. 그래서 웬만하면 이론적인 이야기를 잘하지 않습니다. 이론을 알면 에고의 지적 허영만 채우고는 이만큼 알았으면 되었다고 넘어가게 되니까 모르는 것보다 못할 때가 훨씬 많더군요.

자, 평소에 죽고 싶다고 생각했던 사람이 시한부 판정을 받으면 어떨까요?

'잘됐다. 정말 죽고 싶었는데.'

'그래, 올 것이 왔구나. 나에게 남은 석 달 동안 무엇을 하며 즐겁게 지내지?'

이렇게 생각이 전개될까요?

아마도 시한부 판정을 받기 전에는 죽고 싶을 때도 많았는데, 받고 나면 어떻게 나한테 이런 일이 닥쳤을까 절망할 겁니다. 이어서 왜 죽을병이 찾아왔는지 자신의 과거 기억을 헤집다가, 세상이 등 돌린 듯한 소외감에 젖었다가, 죽음을 거부했다가, 무엇도 돌이킬 수 없다는 실의에 빠집니다. 그런 과정을 거치는 동안 삶을 향한 끈질기고 본능적인 집착도 맨눈으로 보겠지요. 그런 다음에야 죽고 싶다는 건 단지 생각에 불과했음을 알아볼 겁니다.

실제로 사는 데 미련이 없어서 내일 죽어도 괜찮다면 어떤 태도를 보일까요?

눈물과 피땀으로 모아둔 재산이 지금 당장 종잇조각이 되어도, 사랑하는 가족이 눈앞에서 갑자기 사고로 죽어도, 불치병으로 판정받아도 아무렇지 않아야 합니다. 내일 죽어도 괜찮은 사람이니까요. 내가 죽는데 그게 뭐 대수인가요.

이때 미련이 없는 상태는 화내는 상태와 다릅니다. '죽고 싶어'는 성냄의 상태이고, '죽어도 괜찮아'는 수용의 상태입니다.

실제로 삶을 향한 애착이 없으려면 돈에 대한 애착, 일에 대한 애착은 기본이고 사람에 대한 애착, 마지막으로는 자기 몸에 대한 애착까지 모두 끊어낼 때 가능합니다. 그것도 화내지 않고 평화롭게 말이에요. 죽고 싶어 하지 않고, 죽음이 오면 기꺼이 받아들인다는 태도로.

이는 큰 욕심 없이 사는 평범한 마음 안에도 실은 굉장한 집착들이 우글우글하다는 것을 진하게 알아야 한다는 말입니다. 이런 자신에 대한 엄청난 무지를 하나하나 타파해가는 게 마음 공부예요.

만약 누군가 "그래, 너는 마음공부를 해서 집착을 잘 털어냈어?"라고 저한테 묻는다면 한 가지 분명한 답은 준비되어 있습니다.

"그저 '내 꼴'을 알았습니다."

사실 굉장히 긍정적인 말인데 잘못 들으면 냉소적으로 들리려나요?

내 안에 감춘 의도까지 들여다보기

마음챙김 연습은 나에 대한 앎을 쌓는 작업이에요. 내 말, 내 행동, 내 의도를 잘 알아보는 일이지요. 그중에서 말과 행동은 겉으로 드러나기 때문에 스스로 알기 쉽지만, 내 의도는 나도 잘 모를 때가 많아요.

일상에서 내 의도를 유심히 살펴보는 것이 깊은 의미에서의 마음챙김 연습입니다. 사소한 일이든 중요한 일이든 왜 하는지 그 일을 하는 나 자신의 의도를 들여다봅니다.

예를 들어 나는 왜 집안일을 할까요? '식구들을 챙기려고.' 혹은 '내 역할이니까.' 그러나 그 의도가 이렇게 단순하지만은 않아요. 주의 깊게 들여다보면 밑바탕에는 '내가 우리 집에서 제일 중요한 사람이고 싶어', '내가 우리 가정을 문제없이 끌어가고 싶어'라는 보다 큰 의도들이 숨어 있습니다.

그런 큰 의도들에는 긍정적인 것도 있지만, 내 에고만 키우는 부정적인 것도 있어요.

겉으로 드러난 의도 아래에 감춰놓은 의도까지 나에게 자주 물어보세요. 깊은 의도를 마주할 때 내가 어떤 사람인지, 왜 그렇게 말하고 행동하는지 좀 더 이해할 수 있습니다. 스스로를 다그치지 않고 다정한 마음으로 내 의도를 알아간다면 나에 대한 앎이 점점 깊어질 거예요.

나나랜드에서는
_____ 어떤 일이 벌어질까?

요즘에는 연기 잘하는 배우로 꼽히는 이정은 배우의 인터뷰를 봤어요. 십여 년 전에 찍은 〈와니와 준하〉라는 영화에 작은 배역으로 출연한 적이 있는데 그때는 어색하게 연기한다는 평가가 많았다고 합니다. 그런데 최근에 그 영화를 다시 상영한다면서 초청을 했더래요. 그녀는 그 자리에 갈 수 없다고 대답하면서 이렇게 덧붙였다고 하죠.

"나는 못 가. 내가 그 영화를 망쳐놓았잖니."

그랬더니 상대가 사실대로 바로잡아줬다고 합니다.

"너는 그 영화를 망칠 만큼 분량이 많지 않아."

그녀는 그 대답을 듣고 웃었다고 해요.

'나 때문에 망쳤어'라는 이정은 배우의 생각은 내 집착을 알아보고 웃음 짓게 합니다. 그건 '내 덕분에 잘된 줄 알아'라는 생각과 동일한 기제예요. 자신에 대한 집착이 지나칠 때는 나를 내 크기 그대로 보는 게 아니라 내 크기만 엄청나게 키워서 잘못 보고 맙니다.

자신에 대한 애착이 강해지면 나밖에 보이지 않거든요. 다른 사람이야 어떠하든 내가 잘했다·못했다, 내가 잘났다·못났다, 내가 이득을 얻었다·손해를 입었다…… 오직 '나, 나, 나' 하는 '나나랜드'에 갇히고 말아요.

우리는 누구든 일시적으로 나나랜드에 빠질 수 있고, 그걸 알아차리면 얼른 나와야 합니다. 그러나 막상 거기에서 빠져나오려 해보면 잘되지 않아요. 나나랜드를 벗어나기 힘들어서라기보다는 벗어나기 싫어서예요. '나'가 주는 쾌락을 끊을 수 없는 거예요.

잘됐을 때는 내가 잘했다고 생각하고 싶어요.

잘못됐을 때도 내가 망쳤다고 생각하고 싶어요.

좀 괴롭지만, 그러는 편이 내가 없는 것보다는 훨씬 달콤하거든요.

에고는 모든 것을 내가 주관한다고 생각해야 안심합니다. 길들이지 않은 마음은 고통을 겪더라도 그 고통도 내 것, 내 소관이라고 믿고 싶어 해요. 자신을 향한 이런 탐냄은 사실 그 뿌리가 너무 깊어서 온전히 포착하기도 캐내기도 어렵고, 오래 숙고해야만 합니다.

나나랜드라는 그 완고한 성을 허물기는 힘들지만, 잠깐이라도 그 성에서 나오려고 명상을 합니다. 있는 그대로를 보기 위해서. 모든 미래, 모든 결과가 나를 벗어나 있다는 사실을 다시금 알기 위해서 말이에요.

내가 흐려지는 경험을 해보기

어떤 일을 할 때 내가 없으면 안 될 것 같은, 혹은 어떤 일이 벌어졌을 때 내가 있어서 이렇게 된 것 같은 기분에서 멀찍이 물러납니다. 잠깐이라도 내가 흐려지는 경험을 해보세요. 자의식이 강한 사람은 굉장한 거부감이나 슬픔까지 느낄 수 있어요. '나' 중독자에게서 나를 빼앗는 것이니까요.

나 때문에 아프다면 나 없이도 머무르는 연습을 해야죠. 지금 눈앞에서 일어나는 일은 내가 하는 게 아니라 나의 내적·외적 조건에 따라 일어나고 사라지는 현상이라고 자꾸 마음챙김 합니다.

나를 가장 잘 보여주는 _____ 거울

영성가 에크하르트 톨레Eckhart Tolle의 글을 읽다가 피식 웃은 적이 있습니다. 우리 식으로 바꿔 이야기하면 이런 내용과 비슷합니다.

제자가 "스승님, 이제 저는 하산할 때가 된 것 같습니다" 하니, 스승이 "그래, 너는 열심히 수행했다. 마지막으로 부모님이 계신 집에 가서 일주일간 머물면서 작별 인사를 하고 오너라" 하고 제자를 보냅니다.

그런데 일주일 후에 나타난 제자는 이렇게 말하지요.

"스승님, 저는 하산할 수 없습니다. 아니 하산해서는 안 되는 인간입니다."

그러면서 곧바로 (벽을 마주하고 기나긴 참선에 드는) 면벽 수행에 들어갔다는 우스개 이야기입니다. 십 년 동안 갈고닦은 마음공부도 부모님과 일주일만 함께 있으면 도로아미타불이 된다는 만고의 진리(!)를 담고 있습니다.

그러니까 나를 가장 잘 보여주는 거울은 지나치게 가까운 사람입니다. 가까우면 가까울수록 나도 싫은 내 모습이 그대로 노출됩니다.

제가 명상을 잘하고 있는지는 제 부모님, 절친한 친구, 스승과 도반, 또 같이 일하는 사람에게 물어보면 가장 정확할 것입니다. 그들은 제가 새벽마다 방석에 앉아 눈을 감고서 마음을 얼마나 잘 모으는지, 요가 매트 위에서 얼마나 열심인지, 좋은 책을 얼마나 많이 읽는지는 잘 모를 수 있어요.

하지만 내가 어떤 말을 하고 어떤 행동을 하고 어떤 기운을 뿜으면서 지내는지, 그들 자신을 어떻게 대하는지는 아주 잘 압니다. 그것들이 숨길 수 없이 가장 정확한 데이터예요.

내 마음을 잘 닦아간다면, 그래서 내 마음이 한결 가벼워진다면 가까운 사람들이 경험하는 나는 조금씩 달라집니다. 그러니까 마음공부의 실적은 지나치게 가까운 관계에서 가감 없이 드러납니다. 이를 고상하게 이야기하자면, 타자와의 관계 속에서 영적인 진보가 제대로 드러나요. 한편으로는 무섭고, 또 한편으로는 엄정한 말이죠.

이런 사실을 알아볼 때면 저는 도道에 대해서 멋진 이야기를 풀려다가도 입을 꾹 다뭅니다. 그러다가 일이 초 후에는 입꼬리가 조금 올라가고 슬며시 웃습니다. 처음에 입을 꾹 다무는 이유는 '나라는 인간은 도무지 멀었다'라고 자동 반성이 일어나서, 곧이어 작게 웃는 까닭은 '나라는 허구의 상想을 붙잡고 연연하는 생각의 그물에 걸린 것을 알아차리고서 이를 놓아주려고'입니다.

나만 아는 작은 웃음 머금기

내가 명상 초보에서는 벗어났는지, 지금 명상을 잘하고 있는지 알고 싶다면 일상에서 문득문득 작은 웃음을 머금는 순간이 많은지 살피면 됩니다. 분명히 웃음이 나기 직전에는 자기반성이 뒤따랐을 겁니다. 만약 그러하다면 그건 꽤 좋은 징표입니다. 정신 건강에도 초콜릿 복근 같은 게 있다면 이런 작은 웃음들일 거예요. 이때의 웃음은 이를 활짝 드러내는 웃음도 아니고, 웃으면 행복해진다니까 웃어야지 하며 일부러 입꼬리를 올려보는 웃음도 아니에요. 자기반성과 용서를 통해 '나'를 내려놓고 마음이 가벼워져서 자신도 모르는 사이에 잔잔하게 피어오르는 웃음이에요.

자신만 아는 아주 작은 웃음, 지금 머금고 있나요?

세상에서 가장 조용한 기적

『동의보감』에서는 재미있게도 꿈을 몸의 한 부분으로 바라봅니다. 『동의보감』은 꿈 파트夢門에서 오장五臟의 건강과 수면의 질을 다룹니다. 꿈이 생기는 이유를 이렇게 설명하죠.

"오장의 허실에 따라 꿈을 꾼다."

심장의 기능이 실하면 "근심하거나 놀라거나 괴상한 꿈을 꿀 수 있고", 허하면 "혼백이 들떠서 어지러운 꿈이 많아진다"라고 나옵니다. 이때 실하다는 것을 좋은 의미로 받아들이기 쉬운데 지나치다는 것으로 해석해야 합니다. 즉 심장이 마구 뛰어서 벌렁거릴 때 꿈에서 근심하거나 놀라는 등 꿈이 괴상해지고, 심장이 약해져 느리고 불규칙하게 뛸 때 정신이 흐려져서 꿈이 어지러워진다는 이야기죠.

오장이 모두 건강하면 특별한 꿈을 꾸지 않는다고 합니다.

"옛날의 진인眞人은 잠을 자면서 꿈을 꾸지 않았다. 잠을 자면서 꿈을 꾸지 않은 것은 자면서도 정신이 온전히 보존되기 때문이다."

그런데 현대 의학이 밝혀낸 잠과 꿈의 상관관계에 따르면, 진인은 마음이 편안해져 숙면을 취한다고 볼 수 있습니다.

현대 의학은 잠자는 시간의 20퍼센트 정도에 해당하는 RAM 수면 상태에서 누구나 꿈을 꾼다는 사실을 밝혔습니다. 누구나 꿈을 꾸는데도 "저는 꿈을 잘 안 꾸는데요?"라고 말하는 사람은 수면의 질이 좋아서 기억하지 못하기 때문이에요.

정신분석학에서는 마음을 치료할 때 꿈을 많이 분석합니다. 꿈을 매우 중요하게 생각해요. 정신과 의사들은 마음의 변화가 현실보다 꿈으로 먼저 나타난다는 사실을 잘 알고 있습니다.

저는 하나의 꿈을 이십 년 이상 줄기차게 꾸고 있습니다. 마치 남자들이 힘들 때마다 다시 군대에 가는 꿈을 꾸는 것처럼 제 꿈은 늘 수능 수리탐구영역 1 시험 시간으로 돌아갑니다. OMR 카드에 마지막으로 표시하는 딱 그 순간입니다.

꿈속에서 저는 풀지 못한 문제가 수두룩한데 종이 울릴 시간은 얼마 남지 않았고, 답을 거의 표시하지 못해서 초조합니다. 꿈을 깨기 전에 늘 이렇게 생각해요.

'아, 시험을 망쳤어. 졸업을 또 못 하겠네!'

실제 수능을 망치는 일과 졸업은 상관이 없는데, 꿈에서는 이 시험 때문에 늘 졸업을 못 한다며 상심하고 좌절합니다.

이십 년 가까이 늘 같은 결과에 종이 울리기 직전까지 초조함으로 가슴이 답답해지기를 반복했습니다. 그 꿈은 전혀 새롭지 않아서 이제 그 꿈을 또 꾼 날에는 '내가 요새 스트레스를 많이 받는구나' 하고 알 뿐이었습니다.

요즘도 이 꿈은 스트레스가 많을 때 아주 가끔 꾸는데 사 년 전부터 꿈속에서 제 결론이 조금 바뀌었습니다. 꿈의 상황은 똑같아요. 문제가 안 풀린다, 답을 못 썼다, 점수가 또 잘 안 나오겠다, 곧 종이 울릴 것이다. 그런데 마지막에 제가 먹는 마음이 달라졌어요.

'점수는 별로겠지만…… 이제 졸업인데, 뭐. 에이, 됐다.'

처음 결론이 좀 바뀐 이 꿈을 꾸고는 뭔가 달라졌다는 느낌을 받았어요. 한 계단을 올라선 느낌이라고 할까요? 꿈속에서 숨 막히게 답답한 상황은 그대로인데, 그럼에도 긍정하는 태도가 처음으로 나타났습니다. 무려 이십 년 만에 나를 받아들이는 데 성공(?!)한 게 아닐까, 저는 이렇게 해석했습니다.

생각으로는 나를 받아들인다고 하면서도 무언가 계속 남아 있었던 것 같아요. 어쩌면 '나는 잘 살고 있는데?' 하고 제 깊은 내면은 외면해왔을지도 모르고요.

마음공부로 내면의 풍경이 어떻게 달라졌느냐고 물으면 저는 이 꿈 이야기를 꼭 하고 싶습니다. 신화학자 고혜경 선생님은 꿈은 무의식이 보내는 편지라고 저에게 이야기해줬습니다. '젊은 날의 너를 있는 그대로 받아들이는 중이야' 하는 편지를 받았고, 시간이 흘러서 지금 이렇게 자랑하고 있습니다.

알게 모르게 나 자신이 적敵이었는데, 기적이 일어났습니다. 이 조용한 기적이 남들은 알아볼 수 없는 내밀한 형태여서 더 감사해요. 만약 모두가 부러워하는 어떤 성과로 나타났다면 아직 힘이 약한 제 마음은 또 탐냄에 걸려들 것 같아요.

마음의 힘을 더 키운 다음에 또 다른 기적을 전하면 좋겠습니다. 여러분의 내면에도 조용한 기적이 찾아오기를 기원하면서 이번 여행을 마무리할게요. 고맙습니다.

이 책을 쓰면서 함께 읽은 책들

각묵, 『네 가지 마음챙기는 공부』, 초기불전연구원, 2003

각묵, 『초기 불교 이해』, 초기불전연구원, 2015

로널드 퍼서, 『마음챙김의 배신』, 서민아 옮김, 필로소픽, 2021

루미 잘랄 아드딘 아르, 『모든 것을 사랑에 걸어라』, 이현주 옮김, 꿈꾸는돌, 2003

릭 핸슨·리처드 멘디우스, 『붓다 브레인』, 장현갑·장주영 옮김, 불광출판사, 2010

박권, 『일어날 일은 일어난다』, 동아시아, 2021

보경, 『아함경에서 배우는 삶의 지혜』, 운주사, 2016

붓다, 『정선 맛지마 니까야』, 이중표 역해, 불광출판사, 2020

서광, 『치유하는 유식 읽기』, 도서출판 공간, 2013

아리스토텔레스, 『니코마코스 윤리학』, 천병희 옮김, 숲, 2013

안승철, 『처음 듣는 의대 강의』, 궁리, 2018

에릭 라 블랑슈, 『우리의 뇌는 왜 충고를 듣지 않을까?』, 조연희 옮김, 일므디, 2021

에피쿠로스, 『쾌락』, 오유석 옮김, 문학과지성사, 1998

에픽테토스, 『에픽테토스의 인생을 바라보는 지혜』, 강현규 엮음, 키와 블란츠 옮김, 소울메이트, 2015

이즈미야 간지, 『뿔을 가지고 살 권리』, 박재현 옮김, 레드스톤, 2016

일묵, 『사성제』, 불광출판사, 2020

칼릴 지브란, 『예언자』, 공경희 옮김, 책만드는집, 2014

툽텐 진파, 『두려움 없는 마음』, 임혜정 옮김, 하루헌, 2019

플라톤, 『파이돈』, 최현 옮김, 범우사, 1999

황벽희운, 『전심법요·완릉록』, 정운 강설, 운주사, 2019

잠들기 전, 내 마음을 돌보는 시간

나에게 다정해지기로 했습니다

초판 1쇄 발행 2022년 2월 15일
초판 2쇄 발행 2022년 5월 30일

지은이 디아
펴낸이 민혜영
펴낸곳 (주)카시오페아 출판사
주소 서울시 마포구 월드컵로 14길 56, 2층
전화 02-303-5580 | **팩스** 02-2179-8768
홈페이지 www.cassiopeiabook.com | **전자우편** editor@cassiopeiabook.com
출판등록 2012년 12월 27일 제2014-000277호
외주편집 정지연 | **책임디자인** 이성희
편집 최유진, 이수민, 진다영 | **디자인** 이성희, 최예슬
마케팅 허경아, 홍수연, 이서우, 변승주

©디아, 2022
ISBN 979-11-6827-013-8 03100